Meinem Freund Klaus

Wider *den* weiblichen Orgasmus!

Ein Komplott
... und was wir dagegen tun können

aufgedeckt von Mart Mirente

2. Auflage 2014
Autor: Mart Mirente
Printed in Germany
Verlag: J. Kamphausen Mediengruppe GmbH
Tao.de
Goldbach 2, 33615 Bielefeld
www.tao.de, E-Mail: info@tao.de
ISBN: 978-3-95529-134-1
Sprache: Deutsch

Bibliografische Information der Deutschen Nationalbibliothek:
Die Deutsche Nationalbibliothek verzeichnet diese Publikation in der Deutschen Nationalbibliografie; detaillierte bibliografische Daten sind im Internet abrufbar über: http://dnb.d-nb.de

INHALT

Vorspiel

Unlängst las ich, eine neue wissenschaftliche Studie belege, der Orgasmus der Frau habe eine automatische Ausschüttung von „Verliebtheitshormonen“ zur Folge.

Ich war schockiert! Nicht von der neuen Information selbst, sondern von der Tatsache, dass weder der Artikel noch die Öffentlichkeit Bezug auf die gravierenden Konsequenzen dieser Erkenntnis nahm. Wie es scheint, sind wir durch die Flut „neuester Informationen“ zum Thema Sex, Erotik, Schönheit und Geschmack abgestumpft. Täglich kann man uns besser erklären, warum wir so fühlen und handeln, wie wir es tun. Was bleibt, ist die dumpfe Erkenntnis, Marionetten von Genen und Hormonen, Statistiken und Mathematik zu sein. Zufriedener macht uns das sicher nicht. Und leider auch nicht aufmerksamer!

Diesmal jedoch will ich die Oberflächlichkeit, mit der mir die neuesten Erkenntnisse dargeboten wurden, nicht hinnehmen. Vor allem, da man mir schon ein paar Tage später Tipps gibt, wie ich die Frau am besten zum Höhepunkt bringen könne.

Ihr versteht nicht, worauf ich hinauswill? Lasst mich die Studienergebnisse in ihren Kontext setzen: Wie oft kommen zwei zusammen und vereinbaren vorab – sei es ausdrücklich oder unausgesprochen –,

dass der folgenden körperlichen Zweisamkeit keinerlei weiterreichende Bedeutung beigemessen wird? Weder von seiner noch von ihrer Seite. Jeder der beiden sucht Spaß und Befriedigung, nicht mehr und nicht weniger! Prinzipiell könnten wir den sexuellen Erregungszustand auch ohne lebendes Gegenüber initiieren und sogar wieder befrieden. Doch beides stellt sich nun mal intensiver ein, wenn sich zur Lust auch noch die freudige Botschaft gesellt, dass es heute einen Menschen gibt, der mich ausreichend anziehend findet, um ans Ausziehen zu denken. Kurz: Sex macht zu zweit mehr Spaß.
Ist das Männchen – nach obiger Studie – nun zu gut im Bett, muss es sich plötzlich der Tatsache stellen, dass dem One-Night-Stand, dem Seitensprung oder dem spontanen Erlebnis nur kurzfristig die Entspannung folgt und dann genau das Gegenteil: eine Liebesgeschichte. Genauer gesagt: eine „Verliebtheitsgeschichte".

*

Männer, gebt es zu! Irgendwie war und ist es immer euer Ziel, dass auch sie zufrieden ist. Denn man hatte euch eingebläut, dass eine Frau mehr Anlaufzeit benötigt. Ihr solltet ihr deshalb auch im Bett die Tür aufhalten und sie zuerst eintreten lassen.
Und ihr ahntet, dass nicht alle Männer dazu in der Lage sind, warum sonst musste man diese Botschaft so oft wiederholen? Euer Sportsgeist war geweckt. Zur triebgesteuerten Stillung der eigenen Lust gesellte sich das Adrenalin des Wettkampfes: Ihr wolltet nicht nur gut sein, sondern besser.

In Kenntnis gesetzt von der Existenz geheimnisvoller Verliebtheitshormone und die langfristigen Folgen für die Gefühlslage unserer Bettgenossin ahnend, ändert sich einfach alles: Nichts scheint plötzlich weniger angeraten, als auch nur das Geringste zu tun, um sie einen Orgasmus erleben zu lassen, ihr alle Aufmerksamkeit der Welt zu schenken.

Und sofern sie einigermaßen bei Verstand ist, wird sie uns dankbar sein, so meine Hoffnung. Denn keine Frau kann das berauschende Erlebnis, von dem immer alle sprechen und das sie selbst vermutlich nie erfahren durfte, genießen, wenn sie weiß, dass sie sich damit automatisch in jemanden verliebt, den sie gar nicht kennt, ja von dem sie eigentlich nichts weiß, außer dass er zur richtigen Zeit am richtigen Ort war.

Vielleicht weiß sie sogar nicht einmal, ob er einen Sportwagen fährt, denn beide waren viel zu alkoholisiert und fuhren mit dem Taxi. Ob er liiert ist und Kinder hat, wollte sie nun gar nicht wissen. Denn dieses Thema hat sie weiträumig umschifft, um sich nicht später den Vorwurf machen zu müssen, wissentlich der Ort gewesen zu sein, an dem eine andere Frau betrogen wurde.

Am wenigsten aber will sie sich in einen Mann verlieben, der mit einer fremden Frau schon am ersten Abend ins Bett geht. Vor allem, wenn das bedeutet, dass der bestehende Partner in der Folge noch langweiliger erscheint, und sie am liebsten die Flucht aus ihrem bisherigen Leben ergreifen will.

Täte sie es einmal, dürfte sie diesen seltenen Moment tatsächlich kosten, dann mutierten – so wissen wir jetzt – ihre Hormone zu Hyänen und sie würde zu einer schrecklichen Egoistin: Keine Konkurrentin dürfte in seinen Genuss kommen. Sie beansprucht den Sexgott für sich alleine, ganz und jeden Tag!

Das Wohl ihrer Familie wäre ihr zwar nicht mit einem Schlag egal. Trotzdem stünde fortan permanent die berechtigte Frage im Raum, ob es gut sei, dass Kinder und Ehemann langfristig mit einer frustrierten Mutter und Gattin leben.

Den Egomännern unter uns könnte all das egal sein. Doch will sich kein vernünftiger Mann selbst für ein paar Sekunden Ruhm und Ehre ins Unglück stürzen. Verräterische SMS würden die Aufmerksamkeit der Dauerpartnerin erregen oder beim nächsten Date stören. Ehe und Vermögen stünden auf dem Spiel!
Wie viele sogenannte Partnerschaften mögen wohl bereits zu Grunde gegangen sein, nur weil sein Ego das grinsende Gegenüber im Spiegel sagen hören wollte: „Casanova hätte es nicht so gut hinbekommen! Du bist der Beste!"
Bewunderung dafür, dass wir Männer unserem Hobby nachgehen, ja! Aber Verliebtheit? Die muss nun wirklich nicht sein! Denn damit stünden wir vor der traurigen Wahl, in ihren Alleinbesitz überzugehen oder ihr das Herz zu brechen. Beides hat mit Spaß recht wenig zu tun!

*

Moment! Waren da nicht die vielen Artikel, in denen der Schreiberfink uns versicherte, dass der weibliche Höhepunkt in der Regel nur vorgespielt ist? Woher will er das wissen? Oder sind es Frauen, die uns derart informieren? Warum sollten sie dies tun? Wollen sie ihr Gewissen erleichtern, uns Männer frustrieren, Konkurrentinnen diskreditieren oder ist es schlicht der Neid?
Erst gestern, da hatte ich diese Zeilen bereits verfasst, verkündete Yahoo mir gut gelaunt die Gründe für diese Lügeleien. Und heute folgt gar ein langer Artikel, der mich aufklärt, woran ich erkennen könne, ob sie tatsächlich gerade kommt oder nur spielt: Ihre Zehen, die sich verräterisch nach oben biegen oder eben nicht, verrieten es mir. Dumm nur, dass besagten Artikel auch Frauen lesen konnten. Denn in Zukunft werden viele von ihnen ihre Zehen nach oben biegen, für

den Fall dass er zufällig Akrobat ist und in der Lage, diese im Blick zu halten. Gespiegelte Spielzimmer bekommen von heute an einen ganz neuen Sinn.
Ach ja, da ist auch noch der Artikel, der mir erzählt, dass oft schon das schwere Atmen und Stöhnen gespielt ist.
Mit anderen Worten: Sie lügt von unten bis oben. Erleichterung stellt sich ein. Der weibliche Orgasmus kehrt zurück ins Reich der Fabel und seine Vermeidung scheint so trivial wie unnötig.

Was mich am Ende trotzdem nicht aufatmen lässt, ist die Tatsache, dass wir nicht wissen, wie genau dieser ominöse Zustand ausgelöst wird. Zumal manche Frauen behaupten, er könne länger als ein paar Sekunden dauern oder sogar mehrfach hintereinander erlebt werden. Dazu kommt, dass jede Frau – so eine andere Erkenntnis, die man mir mit großer Regelmäßigkeit kundtut – noch einmal ganz anders tickt. Ich kann mir letztlich also nie sicher sein, nicht doch einen Fehler zu machen, da sogar statistische Erhebungen keinerlei Aufschluss geben.

Hand aufs Herz: Wer von euch Unglücksraben, die schon einmal den Eindruck hatten, irgendwie der Auslöser für unendliche weibliche Lust gewesen zu sein, weiß, was genau da schieflief? Sicher wolltet ihr in Unkenntnis wichtiger Studien forschend das Ganze wiederholen! Ist es euch gelungen? Wenn ja, dann ist die Wahrscheinlichkeit nicht gering, dass sie ihre neuesten Erkenntnisse aus der *Cosmopolitan* zur Schau spielte. Ja, sogar die Frauen können bei *FHM* und Co. immer nur lesen, woran der Mann gerade erkennen will, welches Stück sie ihm gerade vorspielen könnte. Wie genau sie selbst einen Orgasmus erleben und wir Männer ihn vermeiden können, das ist und bleibt so ungewiss wie der Einschlag eines Meteoriten.

Die alles entscheidende Frage lautet also nach wie vor und trotz aller gut gemeinten Versicherungen: „Wie können wir sicherstellen, dass Frau sich nicht ganz zufällig und aus Versehen in uns verliebt?" Schließlich hat kein Mann Lust auf russisches Roulette, zumal es hier nicht nur um den Tod geht, sondern um „lebenslänglich"!

*

Mit diesem Buch möchte ich dazu beitragen, dass sich Männer und Frauen auch in Zukunft begegnen können, ohne dass permanent das Damoklesschwert über beiden hängt: Jederzeit bereit, ihr ins Herz zu bohren und ihn bereuen zu lassen, zuerst ***seinen*** eigenen und dann *ihren* Hormonen freien Lauf gegeben zu haben.
Da in aller Regel – wenn auch unwissentlich und völlig überraschend – der Mann die Hauptschuld trägt, wenn frau tatsächlich einmal beim zwischenmenschlichen Geschehen einen Orgasmus bekommen sollte, will ich mich im Folgenden an ihn wenden. Gleichwohl soll diese Vereinfachung in der Kommunikation nicht bedeuten, dass nicht auch die verantwortungsvolle Frau ihren Beitrag leisten muss.

Liebe Männer, gehen wir die Sache logisch an!

Analyse

■ Sie liebt mich ...

Ist sie verliebt? Ja? In euch? Ihr habt vermutlich keine Ahnung, ob es sich um Verliebtheit erster oder zweiter Ordnung handelt. Egal! War das von eurer Seite so geplant, will ich euch nicht voreilig bedauern. Vielleicht gehört ihr ja zu den wenigen, die alles für die Liebe einer Frau tun.

Seid ihr da jedoch ohne große Vorsätze reingestolpert, dann habt ihr ein ernsthaftes Problem und dürft auf keinen Fall weitermachen wie bisher. Denn Gefühle, vor allem weibliche, sind unberechenbar. Die emotionalen Wellen erreichen sehr schnell einmal extreme Höhen, nur um dann gleich dahinter ein ebenso großes Tal aufzureißen. Was die Emotion „Liebe" angeht, gibt es einen entscheidenden Unterschied zu allen anderen weiblichen Gefühlsregungen: Wenngleich sie genauso irrational ist wie die Angst vor Mäusen und Spinnen, zeichnet sich Verliebtheit bei den meisten Frauen durch fehlenden Wankelmut aus. Ja, sie darf bisweilen mit Fug und Recht als starrsinnig bezeichnet werden. Denn keiner kann sagen, wie lange dieser Zustand andauern wird. Schlimmstenfalls dauert er ein Leben lang.

Mein freundschaftlicher Rat: Gießt auf keinen Fall weitere Hormone ins Feuer der Leidenschaft! Eventuell können ein paar gezielte

Enttäuschungen das Leiden abkürzen helfen. Will diese Exit-Strategie jedoch auch nur die kleinste Chance auf Erfolg haben, darf eure Gespielin keinen Verdacht schöpfen. Lasst dieses Buch also nicht versehentlich irgendwo rumliegen!

■ ... sie liebt mich nicht!

Sie ist nicht verliebt? Das ist zunächst einmal eine gute Nachricht: Das Kind ist noch nicht in den Brunnen gefallen. Ihr habt noch nicht aus Versehen verborgene Mechanismen in Gang gesetzt.

Die schlechte Nachricht: Sie hat euch immer etwas vorgemacht! Seht es ihr nach, denn die zweite gute Nachricht lautet: Sie wollte euer Ego streicheln. Und wenn ihr es genau bedenkt, tut sie das auch dann, wenn ihr wisst, dass sie schwindelt. Denn was soll euch diese kleine Lüge anderes sagen, als dass Sex mit euch trotz allem genug Freude bereitet, um eine Wiederholung des Erlebten nicht kategorisch auszuschließen! [1]

Wäre sie nämlich ganz und gar enttäuscht von eurer „Performance“, wie es so schön auf Neudeutsch heißt, dann wäre die Wahrheit die einzige logische Reaktion, die Trennung der Wege die einzige Option gewesen. Es gibt also jeden Grund, ihr zu verzeihen, und keinen Grund, es besser zu machen.

*

[1] Meg Ryan machte es in „Harry und Sally" vor – und auch im echten Leben scheinen viele Frauen auf filmreife Fake-Orgasmen zu setzen. Der Hauptgrund für das künstliche Gestöhne: Sie haben Angst, dass ihr Liebster sich anderweitig bedienen könnte. Das haben amerikanische Wissenschaftler herausgefunden.

Damit ihr Partner nicht auf dumme Ideen kommt, täuschen Frauen einen Orgasmus vor, um ihren Partner vom Fremdgehen abzuhalten – so das Ergebnis einer aktuellen US-Studie. Sexualforscher befragten 453 Frauen zwischen 18 und 46 Jahren, die sich seit mindestens sechs Monaten in einer Beziehung befinden.
Die Frauen, die im Bett gerne mal ihr schauspielerisches Talent unter Beweis stellen, gaben in der Umfrage zu, auch weitere Tricks anzuwenden, um ihren Liebsten an sich zu binden. Sie ziehen sich bewusst schön an, nehmen ihren Partner genau unter die Lupe und schrecken auch nicht davor zurück, anderen Frauen mitzuteilen, gefälligst den Blick von ihrem Mann abzuwenden – oder zumindest die Finger von ihm zu lassen.
Doch die Angst vor dem Seitensprung ist nicht der einzige Grund, weshalb das weibliche Geschlecht den Höhepunkt hin und wieder lautstark inszeniert. „Häufig benutzen Frauen diesen Trick schlicht als Mittel, um ihre Beziehung zu retten bzw. zu festigen. Manchmal täuschen sie einen Orgasmus nur vor, um ihrem Partner ihre Liebe und Fürsorge zu zeigen", sagte Farnaz Kaighobadi von der Columbia University im Bundesstaat New York gegenüber dem Wissenschaftsportal „Live Science". Kaighobadi leitete die Studie, die im amerikanischen Fachmagazin „Archives of Sexual Behavior" veröffentlicht wurde.
Wissenschaftliche Untersuchungen zum weiblichen Höhepunkt seien relativ selten, so Kaighobadi. Sexualforscher beschäftigen sich seit Längerem mit der Frage, ob der Orgasmus eine evolutionäre Einrichtung des weiblichen Körpers ist, um männliches Sperma besser aufnehmen zu können oder den Partner bei der Stange zu halten. Die aktuelle Studie könnte dazu beitragen, neue Erkenntnisse darüber zu erlangen. „Wir sind nicht sicher, und ich glaube, wir müssen noch viel weiterforschen', so die Sexualwissenschaftlerin. (Yahoo! Lifestyle | Sex – 25. Nov. 2011)

*

„Gut im Bett sein" muss von heute an neu definiert werden:

Mann schenkt Frau gerade so viel Spaß, dass sie es genießt, aber nie so viel, dass sie sich deswegen verlieben würde!

Auch wenn es nach der Lektüre unzähliger Artikel zum Thema weiblicher Orgasmus so aussieht, als ändere sich damit nichts grundlegend und der Schluss naheliegt, ihr könntet weitermachen wie bisher, will ich euch noch einmal versichern: Dem ist nicht so! Ihr müsst den Feind kennen, um ihm ausweichen zu können! Der Feind, ich wiederhole auch dies, ist nicht die Dame eurer Wahl, es sind ihre Hormone.

■ **Nobody knows the ...**

Die ganz Schlauen unter euch schlagen vielleicht eine so einfache wie überzeugende Strategie vor:

> *„Frag sie doch einfach ganz direkt, wie sie funktioniert. Dann weißt du, was du auf keinen Fall tun darfst. Schließlich sitzt ihr in einem Boot!"*

Würden wir tatsächlich versuchen, auf diese plumpe Weise in Erfahrung zu bringen, wie unser Weibchen zum Orgasmus kommt, wäre ihre Antwort ungefähr folgende:

> *„Das muss du schon selbst herausfinden. Ich bin doch kein Automat, bei dem du nur auf ein paar Knöpfe drücken musst. Streng dich gefälligst an!"*

Übersetzt heißt das:

> *„Keine Ahnung! Bisher hat es noch keiner geschafft. Frag mich also nicht, sondern finde es BITTE heraus!"* Oder: *„Wie es heute funktioniert, weiß ich nicht. Mal ist es so, dann wieder so. Aber es ist nie, wie ich es erwarte oder mir wünsche!"*

Diese Aussage ist für die meisten Männer zunächst einmal irritierend. Wie kann es sein, dass eine Frau nicht weiß, wie sie kommt? Wir Männer haben das in der Pubertät sehr schnell selbst herausgefunden, machen das nötigenfalls jeden Tag mehrfach selbst und es läuft immer auf dieselbe Weise ab. So schwer kann das doch nicht sein!?

Achtung, liebe Kollegen: Wir dürfen nicht von uns auf das andere Geschlecht schließen! Eine Frau ist sehr wohl in der Lage, in völliger

Unkenntnis scheinbarer Selbstverständlichkeiten zu sein, sogar solcher, die sie selbst betreffen.

Damit ihr das glauben könnt, will ich euch kurz in ein Thema einführen, bei dem unzählige Männer ein Leben lang die Konsequenzen kapitaler Fehleinschätzung zu tragen haben. Fehleinschätzung der Frauen über sich selbst, und der Männer über die Frauen! Bevor wir uns also ihrem Orgasmus zuwenden, lasst uns deshalb kurz über den Bereich Zyklus, Schwangerschaft und Verhütung sprechen. Diese Themen hängen enger mit dem weiblichen Orgasmus zusammen, als der eine oder andere von euch glauben mag.

■ Out of Control

Hände hoch! Wer von euch ist der Meinung, dass Frauen

a) im Großen und Ganzen Bescheid wissen, wie ihr Zyklus funktioniert, wann sie also fruchtbar sind und wann nicht, und

b) dass sie sich an ihr Versprechen, alles zu tun, um nicht schwanger zu werden, halten werden, denn schließlich ist es in ihrem eigenen Interesse?

Ihr könnt jetzt die Hände wieder runternehmen. Es tut mir leid, wenn ich euch eines Schlechteren belehren muss. Was den ersten Punkt angeht (sie weiß Bescheid), ist es allenfalls eine von hundert. Ziehen wir diejenigen Frauen ab, die es von Apparaten wissen, die ihren Hormonpegel im Urin messen, ist es vermutlich nur noch eine von tausend.

Wie kann das sein, fragt ihr. Nun, viele Frauen haben sich emanzipiert und tun es den Männern gleich. Sie interessieren sich nicht mehr dafür, wie Frauen funktionieren. Die Verantwortung für die Verhütung wird an ein paar Pillen oder das Kondom oder andere technische Errungenschaften delegiert. Schließlich leben wir im 21. Jahrhundert!

Was den zweiten Teil angeht (sie wird alles tun ...), sieht es noch schlechter aus: Es ist keine! Und hier muss ich die Frauen sogar in Schutz nehmen: Denn keine Frau kann die völlige Kontrolle über ihre Verhütung haben, da hier Andere das Zepter schwingen.

Es liegt gar nicht an ihrem guten Willen oder an ihrer Ernsthaftigkeit. Einmal im Monat ist sie schlicht auf Droge, unter Hypnose oder wie ihr es nennen wollt. Sie ist nicht verantwortlich!

Der wichtigste Grund für den folgenden Ausflug in das Thema Zyklus ist also, dass wir an diesem Thema lernen können, wie schwer es ist, etwas sicher zu wissen, wenn Frauen im Spiel sind. Ob es dabei um Schwangerschaft geht oder um Orgasmus, macht keinen großen Unterschied.

Wollen nicht auch wir Männer der Spielball derer sein, die die Frauen kontrollieren, dann sind wir auf uns selbst gestellt. Auf weibliche Hilfe brauchen wir nicht zu hoffen. Ganz im Gegenteil, jede Hilfe von ihrer Seite ist kontraproduktiv, denn dies wöge uns nur in trügerischer Sicherheit.

Der erste Schritt zu männlicher Emanzipation ist ... Information.

Der weibliche Zyklus

■ Der Mann lebt die Verschwendung

Fangen wir zunächst einmal bei uns selbst an. Sofern wir gesund sind, sind wir fruchtbar. Immer! Einige sind es schon mit sechs Jahren, alle noch mit 106, sofern sie dieses Alter erreichen. Der Komiker Otto fügt diesem Faktum die Erkenntnis hinzu: „Charakteristisch für den Ostfriesen ist seine ganzjährige Brunftzeit!" Ja, wir sind alle irgendwie immer auch ostfriesische Pfadfinder.

Und nicht nur das: Wir Männer sind auf keinen Fall Schotten oder Schwaben. Denn jeden Tag und sogar noch im Schlaf verschleudern wir Abermillionen Samenzellen, in der Hoffnung, eine einzige davon möge ihr Ziel erreichen. So komisch es klingt – die Tatsache, dass wir immer fruchtbar sind und überall geil, macht uns berechenbar. Wir wissen, woran wir mit uns sind.

■ Das Hormon kämpft um jedes Ei

Nicht so die Frau. Sie ist weder berechenbar noch jederzeit fruchtbar und auch nicht immer und überall geil. Fruchtbar ist sie nur wenige Tage pro Zyklus. Geil vor allem dann, wenn sie fruchtbar ist. Und berechenbar, wenn keine Gefahr besteht. Um Abwehrstrategien entwickeln zu können, müssen wir, so schwer es auch sein mag, verstehen. Sammeln wir also Informationen und begleiten wir ein Ei auf seinem Weg.

□ Der Zyklus

Gesetzt den Fall, ein Ei wird befruchtet, dann braucht es ein Nest. Dieses wird direkt nach der Regelblutung gebaut. Ist das Nest fertig, wird das Ei auf die Reise geschickt. Eine Eizelle! Ein ganzer Monat Arbeit wegen einer einzigen Eizelle!

Ihr dürft das getrost als ein Indiz dafür werten, dass Frauen völlig anders funktionieren als Männer. Der Grund ist ein ganz einfacher. Stellt euch einmal vor, was passieren würde, wenn es bei den Frauen ganz ähnlich abliefe wie bei uns Männern und täglich Millionen von Eizellen die Reise anträten! Beim erstbesten Sex würden diese auf halbem Weg gestellt und befruchtet. Mehreiige Millionlinge wären der Normalfall. Von den eineiigen ganz zu schweigen. Das Leben unzähliger Frauen endete mit dem Einsetzen der Fruchtbarkeit innerhalb weniger Tage.

Es wird also vorsichtshalber immer nur ein Ei auf die Reise geschickt. Solange es die Tür zur Welt noch nicht hinter sich zugeschlagen hat, kann es befruchtet werden und sich einnisten. Dafür bleiben ihm zwei bis drei Tage, bevor es die Gebärmutter durch den Vorderausgang verlässt.

Zwei bis drei Tage, das heißt, dass frau auch tatsächlich in diesen Tagen Samen finden muss. Das erklärt auch, warum sie während ihrer fruchtbaren Tage weit weniger wählerisch ist, als sie es normalerweise zugeben wird. Denn es geht darum, ob wieder ein Monat ergebnislos verstreichen wird oder nicht. All dies ist ihr natürlich nicht bewusst, denn sie ist, wie gesagt, jetzt gerade nicht unbedingt Herrin ihrer selbst.

Um die Galgenfrist zu verlängern, statten die Sexualhormone ein paar Tage vor dem Eisprung den Weg der Eizelle mit einem lebensverlängernden Elixier aus, dem sogenannten Zervixschleim. So wird aus den zwei bis drei Tagen ungefähr eine Woche, denn die Samenzellen, die ein paar Tage zu früh dran sind, werden hier am Leben und bei Laune gehalten. Für Samenzellen, die zu spät kommen, gibt es keine Hoffnung. Zu spät ist zu spät.

Um sagen zu können, ob sich ein befruchtetes Ei eingenistet hat oder nicht, warten die Abrisshormone, bis sich die hoffentlich befruchtete Eizelle ein paarmal geteilt hat. Wenn es also nicht mehr nur eine einzige Zelle ist, die man schon mal übersehen könnte, sondern wenn ein paar davon als Haufen anwesend sind. Schließlich sollen keine fatalen Fehlentscheidungen getroffen werden. Verläuft die Suche negativ, ist es diesmal die Frau, die verschwenderisch mit ihren Ressourcen umgeht: Aus Enttäuschung darüber, dass es wieder nicht geklappt hat, zerstört sie das Nest (=Regelblutung). Ist die Wut nach ein paar Tagen verraucht, fängt alles sofort von vorn an.

Eine andere Erklärung für dieses mehr als unwirtschaftliche Verhalten ist übertriebener Selbstzweifel. Evtl. wollte sich das befruchtete Ei nur nicht einnisten!? Vielleicht ist es so wie bei jeder anderen Einladung: Frau ist unbewusst der Meinung, den Kuchen schon besser hinbekommen zu haben und macht sich Sorgen, dass er den Gästen nicht schmecken könnte?

Grob zusammengefasst ist frau also ein paar Tage nach der Regelblutung unfruchtbar (no-nest, no-egg), dann etwa eine Woche fruchtbar, dann wieder nicht ganz zwei Wochen unfruchtbar (no-egg).

Die genaue Verteilung der Tage innerhalb des Zyklus ist von Frau zu Frau verschieden. Und sogar für eine einzelne Frau kann die Frist von der Regelblutung bis zum Eisprung je nach Stimmungslage schon mal in der Länge differieren. Hierzu will ich später ein Beispiel aus

meinem Bekanntenkreis zum Besten geben.
Auch diese Variabilität in der ersten Hälfte des Zyklus könnt ihr getrost als einen Kunstgriff der Hormone verstehen. Denn schließlich wollen diese nicht, dass irgendwer herausfindet, wann genau Frau Wirtin fruchtbar ist und wann nicht. Die erfolgreichste Taktik der Hormone besteht immer noch darin, alle Beteiligten in Sicherheit zu wiegen. Was normalerweise konstant bleibt, ist die Zeit vom Eisprung bis zur Regelblutung.
Sobald die Suche erfolglos abgebrochen wurde, rollen die Bagger und die Abrissbirne schwingt.

□ Das Liebeströpfchen

An dieser Stelle muss und will ich einen weit verbreiteten Irrglauben auflösen: Es gibt Männer und Frauen, die sind der Meinung, eine Schwangerschaft ließe sich verhindern, wenn er es Onan, dem verbrieften Erfinder des coitus interruptus, gleichtäte. Warum sein Name als Synonym für autoerotische Übungen herhalten muss, entzieht sich meiner Kenntnis.
Doch Achtung, schon lange vor der Ejakulation zieht eine kleine Eliteeinheit, das sogenannte Liebeströpfchen, als Vorhut unerkannt dem Ei entgegen. Es enthält bereits Millionen von Samenzellen. Wollen wir also eine ungewollte Schwangerschaft verhindern, kommen wir nicht darum herum, zu verhüten. Und das übernehmen wir (Männer) wie gesagt am besten selbst, denn auf die Frau ist, das ist euch mittlerweile hoffentlich klar, kein Verlass.

*

Liebe Kollegen, ihr habt nun die totale Ahnung. Bitte gründet auf die Kenntnis der Abläufe beim weiblichen Zyklus trotzdem keine natürliche Verhütungsstrategie. Es gehört schon ein wenig mehr dazu, um zu genau zu wissen, wann euer Weibchen fruchtbar ist und wann nicht. Und weil ihr keine gute Nase habt, hätte es keinen Zweck, wenn ihr noch am Tresen in ihrem Schritt schnüffelt.

Bei den Menschen läuft vieles anders als bei den Hunden und anderen Tieren, die nur dann Sex haben, wenn das Weibchen fruchtbar ist. Denn unser Verstand und unserer „freier" Wille könnten schnell das ganze Gebäude zum Einsturz bringen. Wir wissen nicht, wann frau fruchtbar ist, wir können es nicht wissen und sollen es nicht wissen!

Solltet ihr allerdings ahnen, dass ihr nicht unbedingt der Typ Mann seid, auf den eine normale Frau steht und sie signalisiert trotzdem spontan Paarungsbereitschaft, dann dürft ihr sicher sein: Sie ist fruchtbar. Finger weg, auch wenn es schwerfällt!

*

Wenn ich's mir überlege: Hunde können Drogen, Sprengstoff und sogar Krebs detektieren. Und sie wissen, wann die Hündin läufig ist. Was spricht eigentlich dagegen, dass sie sich zur Abwechslung mal wichtigeren Dingen zuwenden? Allerdings mit genau gegenteiligem Ziel: Sie könnten uns Männern sagen, wann Frau *nicht* läufig ist.

Das Komplott, Teil 1

In der Biologie erklärt man das Phänomen, dass sich das Individuum für die Gesellschaft opfert, gerne damit, dass es letztlich die Gene sind, die „sich" fortpflanzen. Die einzelne Biene oder Ameise verzichtet also auf ihr Leben um des Erhalts der Art willen. Der Genpool als solcher muss weitergetragen werden. Da kommt es auf den Einzelnen nicht weiter an.

Je mehr ich von den Hormonen und ihren dunklen Machenschaften weiß, desto weniger kann ich dieser Meinung abgewinnen. Denn eine ganze Reihe weiblicher Hormone hat nichts anderes im Sinn, als alles dafür zu tun, dass die Frau sich reproduziert.

„Soll" hätte ich gesagt, wenn es grammatikalisch möglich gewesen wäre und auf gar keinen Fall "könnte". Denn die Fruchtbarkeit ist keine Option – sie ist ein Ziel, und jede Verfehlung des Ziels oder jeder Aufschub werden als Fehlschlag gewertet.

Notfalls bedienen sich „die Borg" jeglicher anderen Systemkomponente, schalten diese nach Belieben ein und aus oder programmieren sie um. Das wird immer wichtiger in Zeiten, in denen der Frau ein ganzes Arsenal an Verteidigungswaffen zur Verfügung steht. Betrachte ich mir die vielen trickreichen Strategien der Hormone, bin ich mir sehr sicher, dass es nicht die Gene sind, die „sich" fortpflanzen und vermehren wollen. Es sind die Hormone. Denn den Frauen wohnt – zum Leidwesen der Hormone – einfach der Vermehrungswunsch nicht wesentlich inne. Das zeigt ganz deutlich die Tendenz der Frauen, Schwangerschaften dem Beruf u.Ä. unterzuordnen.

Der vermutlich genialste Trick der Hormone besteht darin, die Menschen glauben zu machen, sie stünden in unseren Diensten. Das Betriebssystem gibt vor, ein einfaches Programm zu sein. Doch die Wahrheit sieht anders aus: Gene, Frau Wirtin und sogar der Herr Wirt (wir Männer) sind allesamt nur Mittel zum Zweck. Die Matrix existiert! Ich knie vor Bewunderung nieder, alldieweil mir der kalte Schweiß den Rücken hinunterläuft.

Es handelt sich bei den Hormonen und den Frauen also nicht um eine Symbiose, bei der jeder der beiden Parteien vom anderen profitiert und deshalb bereitwillig gibt. Nein, die Frauen werden von ihren Besitzern kontrolliert und domestiziert! Sonst gäbe es innerhalb kurzer Zeit nicht genügend Lebensraum, um das Überleben der Hormone sicherzustellen. Letztere haben es in ihren Bemühungen zur Perfektion gebracht.

Doch warum das alles? Theoretisch könnten die Hormone doch ganz einfach von Wirt zu Wirt springen, besser gesagt von Wirtin zu Wirtin? Dass das geht, werde ich sofort eindrucksvoll nachweisen.

■ Sensibilisierung

Damit ihr versteht, wie raffiniert die Hormone zu Werke gehen, hier ein paar Fakten:

□ Geschmäcker sind verschieden

Nehmen wir zum Beispiel den Geschmack: Viele Frauen, vor allem, wenn sie die Sturm-und-Drang-Phase hinter sich haben, stehen auf den Typ „liebevoller Familienvater". Der Verstand gibt den Ton an, denn diese Präferenz weiß viele gute Argumente hinter sich.

Während der fruchtbaren Tage erleidet die Frau jedoch vorübergehend totalen Erfahrungsverlust. Sie wird magisch von Machos angezogen, die sie an anderen Tagen keines Blickes würdigt. Denn nur echte Machos werden stil- und rücksichtslos genug sein, um sie hier und jetzt, wenn nötig noch vor allen Freundinnen, flachzulegen.

Manchmal wehrt sich ihr Verstand nach Kräften. Sie erteilt dem werbenden Männchen, das in der Disco eine Frau nach der anderen vor aller Augen anmacht und wenn jede der anwesenden Damen ihm einen Korb gegeben hat, von vorne anfängt, voller Verachtung eine Abfuhr. Wenn es sein muss, auch mehrere Runden lang.

Doch das instinktiv handelnde Männchen weiß: Statistisch gesehen läuft gerade eines der anwesenden Weibchen Gefahr, den Lohn der Mühen eines ganzen Monats zu verlieren. Es macht deshalb ungeniert weiter, denn die Nacht ist noch lang. Irgendwann in Runde vier oder fünf fallen bei einer der anwesenden Frauen alle guten Vorsätze in sich zusammen. Sie lenkt ein, im vollen Bewusstsein, dass es dem brünstigen Männchen egal ist, mit wem es diese Nacht ins Bett steigt. Denn auch ihr ist es nun egal, mit wem sie intim werden wird.

Ihr ist auch egal, dass ihre Freundinnen sie am nächsten Tag damit aufziehen könnten, dass der Typ doch nicht einmal für einen schlech-

ten Pornofilm getaugt habe. Denn alle Freundinnen sitzen mit ihr im selben Boot, mit dem die Wellen der Hormone ihr böses Spiel treiben. Heute trifft es die eine, morgen die andere.
Wer glaubt, dass ich wenigstens in diesem Fall maßlos übertreibe, den muss ich enttäuschen. Als Student durfte ich bei meinen Recherchen mit großer Regelmäßigkeit Zeuge solcher Geschehnisse sein.

*

Wir Männer sind da weit weniger wankelmütig. Frauen mit Bildung jagen uns zum Beispiel immer und unabhängig von der Mondphase, der Sternenkonstellation oder dem Alter Angst ein. Es ist uns in jedem Fall lieber, wenn unser Objekt nichts im Kopf hat und nur schön ist. Um das zu verstehen, müsst ihr noch ein paar Minuten warten.

□ Nur wer schreibt, der bleibt

Auch der Verstand, Logik und einfachste mathematische Regeln sind nicht sicher vor den heimlichen Beherrschern unserer weiblichen Spielkameraden. Notfalls werden auch sie außer Kraft gesetzt.

Als warnendes Beispiel sei die Frau angeführt, deren Beziehung kriselte, was ein weiteres Kind für beide Seiten vorläufig ausschloss. Doch beide waren geil, warum also nicht möglicherweise beziehungskittende Maßnahmen einleiten.
Sie gehörte zu den wenigen Frauen, die alles über ihren Zyklus wissen und konnte sowohl ihre Regelblutung als auch ihre fruchtbaren Tage mit schweizerischer Genauigkeit vorhersagen und diagnostizieren. Sicherheitshalber wurde vor der triebgesteuerten Zweisamkeit schnell noch dialogisch geklärt, ob verhütet werden müsse oder nicht. „Der

allmonatliche Angriff der Indianer“, so ihre präzise Auskunft, „steht kurz bevor“. Damit erübrigte sich die unerotische Aufgabe der Verhütung (no-egg).

Ein paar Wochen später zeigte der erstaunte Blick in den Kalender, dass ihr ein Fehler unterlaufen war: Die Ausgrabung des Kriegsbeils stand nicht unmittelbar bevor; vielmehr war die Friedenspfeife noch warm. Wie dumm!

Was lernen wir daraus? Selbst wenn die Frau sehr gebildet ist, dürfen wir uns auf keinen Fall auf ihre Aussagen verlassen. Vor allem dann nicht, wenn wir diese nicht schwarz auf weiß nachprüfen können. Hormonell gesehen sind Realität und feste Überzeugung zwei ganz verschiedene Dinge.

Wäre *sie* für das Anlegen von Kondomen zuständig, dann würde sie diese Aufgabe pflichtbewusst und akkurat erledigen. An jedem Tag, an dem *keine* Gefahr besteht. Wird sie gutgläubig und vertraut darauf, dass schon nichts passieren wird, so könnt ihr auch jetzt sicher sein: Sie ist fruchtbar!

Wer als Mann nicht Opfer kapitaler weiblicher Sinnestäuschungen sein will, muss also auf dem Laufenden sein. Es reicht nicht, zu fragen: „Du, Schatz, wann hattest/hast du eigentlich deine Tage?“ Denn das kommt bei der schönen Unbekannten gar nicht gut an, dass er nach ihren Tagen fragt. Er soll sich für ihre Brüste und ihren Po interessieren. Nicht dafür, von welchen Hormonen sie gerade gesteuert wird.

Doch sogar wer langfristig mit seinem Weibchen zusammenlebt, sollte geflissentlich selbst Buch führen. Vor allem, wenn die Familienplanung abgeschlossen ist. Im Zeitalter der Smartphones haben wir glücklicherweise die Auswahl unter Dutzenden von Apps, die uns helfen, den Überblick über unsere Lebensabschnittsgefahr zu behalten.

□ Aus unfruchtbar wird fruchtbar

Wie mächtig die Sexualhormone sind, soll das folgende vorläufig letzte Beispiel aus meinem Freundeskreis demonstrieren:

Die Fakten

Der Eisprung hängt davon ab, dass eine Drüse im Gehirn über Wochen alle x Stunden auf die Minute pünktlich ein gewisses Eisprunghormon ausschüttet. Ist dies der Fall, reift im Eierstock ein Ei heran und springt ins Leben. Ist nun diese Drüse unmusikalisch und außer Takt, hungert die Eizelle und kann nicht reifen. Eine Schwangerschaft ist unmöglich (no-egg).

Die Geschichte

Ihre Unfruchtbarkeit war für gute Bekannte ein großes Leid, denn – auch das soll vorkommen – beide wünschten sich seit Jahren Kinder. Dann ging sie für ein Semester nach Paris. Seinen Besuch konnten die Hormone schon Wochen vorher im Kalender nachlesen und wussten genauestens, wann die beiden intim werden würden. Die unmusikalische Hormondrüse wurde von ihren Kolleginnen mit Brechstange, Peitsche und Drohungen wochenlang auf Kurs gehalten. Mit bisher nie da gewesener Genauigkeit wurde über Wochen besagtes Eisprunghormon ausgeschüttet. Meine Bekannte wurde schwanger.

Das Fazit

Verlasst euch auf gar nichts! Auch nicht auf eine absolut sichere Unfruchtbarkeit. Selbst diese könnte ein Trick der Hormone sein, damit auf Verhütung kein Wert gelegt wird. Wie so oft im Krieg gilt: In der Überraschung liegt die Kraft!

Der Vollständigkeit halber

Die Ursache der Unfruchtbarkeit wurde von einem Spezialisten ausgemacht und ihr später ein Hormonschrittmacher eingepflanzt. Heute sind die beiden glückliche Eltern von drei Kindern.

■ Klassifizierung

War das vorige Kapitel vor allem der Bewusstseinsbildung gewidmet, soll es auf den folgenden Seiten um Systematisierung gehen. Schließlich wollen wir verstehen und so die Kontrolle über unser Sexualleben und dessen Folgen zurückgewinnen.

Sexualhormone, Eisprunghormone und Verliebtheitshormone gehören zur Klasse der Fruchtbarkeitshormone und sind als solche Kollegen und Teamplayer. Es ist ihnen egal, welche Gruppe von ihnen für eine Schwangerschaft verantwortlich zeichnet und wer „nur" den Assist zugesprochen bekommt.

Yahoo und den akribisch arbeitenden Wissenschaftlern dieser Welt sei Dank wissen wir ja nun endlich, dass nicht nur hinter der Fruchtbarkeit, sondern auch hinter der Verliebtheit Hormone am Werk sind. Ob rau sich also verliebt, weil sie Sex hatte, oder Sex hat, weil sie verliebt ist, ist den Hormonen egal. Entscheidend sind nur die Resultate.

□ Fruchtbarkeitshormone erster Ordnung

Aber der Reihe nach! Die erste Gruppe Fruchtbarkeitshormone kümmert sich um den Zyklus (Eisprung, Nestbau, lebensverlängernde Maßnahmen für die Samenzellen, Abriss ...). Wichtigste Aufgabe ist, alles für den Normalfall vorzubereiten und die Beteiligten in Sicherheit zu wiegen. Dann werden still und heimlich kleine Unregelmäßigkeiten eingebaut. Und es wird dafür gesorgt, dass frau während den fruchtbaren Tagen die Verhütung nicht so ernst nimmt, diese vergisst oder sich verrechnet.

Auch kann es nach einer Schwangerschaft und der Stillzeit schon einmal vorkommen, dass frau in der Übergangszeit noch während des Abrisses den Eisprung hat.

Wie genau die Hormone das anstellen und mehr noch, wie sie es anstellen, dass trotzdem ein frisches Nest bereitsteht, wenn das Ei vorzeitig in der Gebärmutter eintrifft, das wissen nur die Hormone selbst. Ich persönlich glaube ja, dass sie nur „rein zufällig" Baumaterial verschütten, damit es für den gutgläubigen Beobachter nach Abriss aussieht. Aber diese These darf ich keinem Wissenschaftler oder Arzt erzählen, sonst werde ich für verrückt erklärt. Was zählt ist einzig und allein: Frau wird schwanger.

□ Fruchtbarkeitshormone zweiter Ordnung

Ist das Weibchen jung, vermag der Verstand mangels Erfahrung den Hormonen keinerlei Widerstand entgegenzusetzen. Zu groß ist die Neugier. Sie wählt das ruhelose, bindungsaverse wilde Tier, das am nächsten Morgen weiterzieht auf der Suche nach einem anderen Ort, an dem es seine Gene verschleudern kann. Sie wählt den Bewerber, der sie nicht schüchtern einkreist, sondern sie willensstark dominiert. Das signalisiert ihr Sicherheit! Verstanden habe ich diese Argumentationskette noch nie.

Je mehr negative Erfahrungen das Weibchen macht, desto ausgesuchter wird sein Geschmack, sehr zum Leidwesen der Hormone. Es wählt immer häufiger den harmonieliebenden Zeitgenossen, der sich aller Voraussicht nach hingebungsvoll um sie selbst und ihre Jungen kümmern wird.

Doch solange das Weibchen auch weiterhin mindestens einmal wöchentlich Sex hat, was in der Regel in einer festen Beziehung stattfindet, gibt es für die Hormone keinen Anlass einzuschreiten. Denn sie bevorzugen es, unerkannt zu bleiben.

Ist das Weibchen jedoch Single oder klappt es in seiner Beziehung nicht mehr so richtig und hat deshalb weniger als einmal pro Woche

Sex, dann übernehmen die Hormone zweiter Ordnung die Kontrolle, wenn sich das Fruchtbarkeitsfenster allmonatlich so langsam schließt. Ihre Aufgabe ist es, dafür zu sorgen, dass Träume und Wünsche der „Frau mit Erfahrung" dem Ziel nicht im Wege stehen.
Die Hormone suchen jetzt dringend ein Männchen, das kurzfristig zur Verfügung steht. Jetzt, sofort! Eines, dem es nur darauf ankommt, seine Gene zu verteilen und das nichts davon weiß, dass es sich bei der Gen-Theorie um eine geschickt gemachte Desinformation handelt. Eines, das nicht im Sinn hat, sich dreimal vorher zu treffen, bevor es ihr an die Wäsche will. Denn dann wäre es zu spät.

Kurz, die Dame unter Hormoneinfluss zweiter Ordnung ist plötzlich weit weniger wählerisch und der festen Überzeugung: *Es wird schon nichts passieren!*

□ Schläferhormone

Achtung, jetzt wird es verwirrend und verstörend zugleich! Wir dürfen annehmen, dass die weiblichen Hormone ihre Verbündeten bei uns Männern eingeschleust haben. Diese Hormonklasse nenne ich „Schläfer". Es spricht vieles dafür, dass sich jede Klasse weiblicher Fruchtbarkeitshormone eigene Schläferhormone hält.
Die Schläfer werden von den weiblichen Mutterhormonen durch vereinbarte Signale aktiviert. Das kann zum Beispiel ein überlaufendes Dekolletee sein oder ein Popo, der wie der aufgeregte Schwanz einer paarungsbereiten Retrieverhündin hin und her wedelt.

Das glaubt ihr nicht? Ein kleines Beispiel wird hoffentlich schnell eure Zweifel ausräumen: Sperrt einmal 20 Frauen in einen Schlafsaal und lasst sie zusammen für ein paar Wochen dort nächtigen. Ohne dass die 20 Frauen miteinander intim würden, tanzen bald schon alle Gebärmütter nach der Pfeife einer einzigen Alphahormonin. Man

nennt das Alpha-Muttertier Zyklus*geber*, die andern 19 Frauen sind Zyklus*nehmer*.
Da wir mittlerweile wissen, dass Hormone nichts dem Zufall überlassen, stellt sich die Frage: Warum das Ganze?

*

Gehen wir analytisch vor. Stellen wir uns 20 Frauen vor, die in einem Camp eingesperrt sind. Das kann zum Beispiel ein Gefängnis sein. Das geht so lange gut, wie die Mangelware Mann nicht die Bühne betritt. Öffnet sich nun die Tür und Testosteron flutet den Raum, dann geht der Kampf los: Es wird gekratzt und gebissen; Neid und Missgunst bestimmen die Großwetterlage. Das solitäre Männchen wird sich nun schon allein um des lieben Friedens willen jeden Tag mit einer anderen paaren, denn ihm ist es letztlich egal, wo es seine Gene verteilt. Schließlich hat es genug davon. Vor allem aber will es nicht unnötig sein Leben aufs Spiel setzen.

Würden die Weibchen in dieser Situation jede ihren eigenen Tanz tanzen, könnte es passieren, dass sich das Männchen – verwirrt von dem Hormondurcheinander und der gereizten Stimmung – immer um die Falsche kümmerte. Er könnte sich jahrein, jahraus jeden Tag mit einer anderen Dame paaren, und trotzdem wäre die Wahrscheinlichkeit, dass sich irgendwann auch nur ein einziges Mal Hormonnachwuchs einstellt, nicht 100 Prozent. 20 Eizellen blieben womöglich jeden Monat unbefruchtet und fänden ihren Weg in die Kloake. Der Albtraum aller Fruchtbarkeitshormone!
Einigen sich nun alle anwesenden Hormone auf ein und denselben Tanz, ist spätestens nach einem Monat ein Teilziel erreicht: Fünf bis sieben Weibchen sind schwanger. Spätestens nach einem halben

Jahr wären alle Hormone aller Weibchen für die kommenden neun Monate zufriedengestellt und das Männchen dürfte endlich seiner Wege ziehen.

Doch wer sagt, dass er einen oder mehrere Monate bleiben will? Vielleicht hat er Eile!? Da wäre es unverzeihlich, wenn die Hormone den Formationstanz nicht schon vom ersten Tag des Zusammensein an einstudierten! Weibliche Hormone kommunizieren also über die Luft und agieren bei aller Konkurrenz im Team und, wie ich nachweisen werde, sogar im Komplott. Wer einigermaßen bei Sinnen ist, wird angesichts dieser Erkenntnis wenigstens in Betracht ziehen müssen, dass die weiblichen Hormone auch direkten Einfluss auf uns Männer haben.

*

Im Grunde könnten wir uns die absurdesten Strategien ausdenken. Je sicherer eine Strategie Fruchtbarkeit zur Folge hat, desto höher die Wahrscheinlichkeit, dass genau diese bereits von den Hormonen gelebt wird. Seien wir (Männer) also noch so sehr davon überzeugt, unseren eigenen Trieben nachzugehen: vermutlich tun wir trotzdem immer nur, wie uns befohlen.

Die zwei bekanntesten Orgasmen

An dieser Stelle will ich euch eine Verschnaufpause gönnen und meine Betrachtung der Hormonklassen unterbrechen. Denn um besser zu verstehen, müssen wir wissen, dass es sehr unterschiedliche Arten des weiblichen Orgasmus gibt und wir sollten diese tunlichst voneinander unterscheiden können. Hierzu müssen wir mehr über Frauen wissen als die Frauen selbst. Denn diese haben von ihrem Orgasmus nicht mehr Ahnung als von ihrem Zyklus! Das klingt zwar zynisch, aber es ist leider so:

Viele Frauen glauben sogar, was ihnen in den eingängigen Zeitschriften oder Filmen erzählt wird, ohne jemals auf ihren eigenen Körper gehört zu haben. Sie ziehen es vor, zu kopieren, was sie in Film und Fernsehen beobachten und wollen Erwartungen erfüllen, obwohl die auserkorenen Lehrer selbst nur einem Drehbuch folgen, dessen Autor vermutlich nie in den Genuss einer intimen Berührung kommen durfte.

Und das ist – ich glaube, ich muss nicht mehr erklären, von wem – geplant! Andernfalls würden die Frauen permanent ihre Gefühlsregungen hinterfragen und das ganze über Jahrmillionen so kunst- und liebevoll ausgestaltete System würde in sich zusammenbrechen.

In der Einführung habe ich lapidar festgestellt, dass vielleicht nur die wenigsten Frauen je einen Orgasmus bekommen. Ich will das Gesagte nun präzisieren, denn diese Aussage war aufgrund ihres einladenden Charakters nicht ganz korrekt. Rein theoretisch können Frauen im Gegensatz zu Männern nicht nur multiple Orgasmen erleben (worum sie von Generationen von Männern beneidet werden), sondern sogar mehrere verschiedene Arten von Orgasmus.

Die unterschiedlichen Orgasmen heißen nur deshalb gleich, weil sie ungefähr in derselben Körpergegend und bei ähnlichem Treiben auftreten. In allen Fällen darf der Betrachter eine „heftige Erregung" (so die wörtliche Übersetzung) wahrnehmen. Der Grund für meine prägnante Formulierung war die Tatsache, dass der gängigste und unspektakulärste weibliche Orgasmus in aller Regel nur einmal erlebt wird und alle anderen so gut wie gar nicht.

Die erste Art Orgasmus haben Frauen mit uns Männern gemein. Mitunter entdecken sie dieses angenehme Gefühl schon viel früher als die männlichen Spielkameraden, denn es ist in ihrem Fall auch ohne sichtbare Erektion möglich. Um das zu verdeutlichen, will ich kurz den zehnjährigen Bruder der siebenjährigen Schwester zitieren, beide aus einem recht unverklemmten Elternhaus: „Mama, Betty masturbiert schon wieder. Sag ihr, sie soll leiser sein."

Und vor ein paar Tagen hat meine kleine Tochter – sie ist viereinhalb Jahre alt – angefangen, an allem hochzuklettern, wessen sie habhaft werden kann: Schilder, Beine, Pfosten, egal. Eine Eisenkette bereitete ihr besonderes Vergnügen. OK, sie ist sportlich. Aber das ist nur die halbe Wahrheit. Ja, den ersten Orgasmus kennen also fast alle Frauen und manchmal sogar Mädchen, auch wenn sie noch nicht wissen können, warum das Straßenschild im Schritt so ein schönes Gefühl hervorruft. Stört niemand diese sportlichen Ertüchtigungen, dann gleicht das Ergebnis dem Blick von der Zugspitze ins Tal. Für die

Stadtfrau ist dieser Anblick das Schönste, was sie je erleben durfte.

Bei dem anderen Orgasmus, der hin und wieder durch die Presse geistert, steht frau auf dem Gipfel des Himalaja. Ihr liegt die Welt zu Füßen. Doch sie kann sie nicht sehen, denn sie leidet unter akutem Sauerstoffmangel und Fieber, das ihren Körper schüttelt. Sie befindet sich hoch oben über den Wolken, wo die Luft dünn wird, und sie ist der Ohnmacht näher als einem klaren Gedanken. Zurück in seinen Armen, kann sie nicht mehr sagen, was da oben genau geschehen ist. Gott sei Dank ist dieser Orgasmus immer weniger Frauen vergönnt. Vor allem nicht rein zufällig und mitten auf dem Bürgersteig.

*

„Heftige Erregung" ist also ein sehr relativer Begriff. Auch der Mann hält seinen Orgasmus für heftig, obwohl er doch nie höher stand als auf dem Hügel hinter dem Wintersporthotel, an dessen Hang er das Skifahren erlernen durfte.

■ Der klitorale Orgasmus

Doch bevor wir uns aufmachen zu verstehen, was mit *Himalaja* gemeint sein könnte, will ich euch die Alpen zeigen. Fangen wir hierzu mit den anatomischen Gegebenheiten an. Die Klitoris ist nichts anderes als das männliche Glied, das während der Ontogenese die Entwicklung eingestellt hat, als feststand, dass dieses kleine Wesen ein Mädchen werden wird. Der längste Teil der Klitoris ist nicht sichtbar und es steht, wenn überhaupt, nur das Köpfchen heraus. Deshalb halten viele Männer (und Frauen!) die Klitoris für nicht mehr als einen magischen Punkt, Schalter oder Druckknopf der Liebe. Doch so wie das Glied vieler Männer nicht nur aus der Eichel besteht, lässt sich auch die Klitoris nicht auf den sichtbaren Teil reduzieren. Sie zieht sich unter Tage noch weit nach oben hin und kann in ihrer ganzen Länge stimuliert werden. Die Stimulation funktioniert – ihr ahnt es vielleicht – ähnlich wie bei den männlichen Kollegen: durch Rubbeln, Reibung, Berührung, nicht zu direkt und nicht zu trocken, sonst tut es weh.

Wird nicht nur der Kopf (der Klitoris) gestreichelt, sondern ihr ganzer Schaft durch die darüber liegende Haut sanft massiert, wird es angenehmer und intensiver. Irgendwann steht sie zufrieden am Gipfelkreuz.

□ Klitorale Masturbation

Sollte nun der Mann trotz der Ähnlichkeit der eigenen Stimulationsfähigkeit nicht in der Lage sein, Frau alpin zufriedenzustellen, was gar nicht so selten vorzukommen scheint, dann hat sie es buchstäblich in der Hand, sich noch während des Geschlechtsaktes selbst zu befriedigen. Die meisten Frauen tun es. Sie masturbieren! Nein, nicht wenn er gegangen ist oder eingeschlafen; sie tun es, noch während er mit ihr intim ist. Hierzu legen sie ihre Hand in den Schoß und unterstützen seine plumpen Hüftbewegungen, die die Klitoris links, rechts, oben oder unten liegen lassen. Gekonnt übersieht er ihre Unterstützung und lässt sich am Ende gerne für etwas loben, was er nicht verschuldet hat.

Wer oder was auch immer Auslöser für diesen Höhepunkt ist: sie braucht jetzt eine Pause und mindestens für ein paar Augenblicke ist ihr jede Berührung unangenehm und zu viel. Den Grund für diesen plötzlichen Lustverlust wird uns sofort das Nashorn erklären.

Sollten wir Männer unsererseits ähnliches Verhalten an den Tag legen, uns also in ihrer Gegenwart selbst manuell befriedigen, wird unsere Bettgenossin dies nicht so entspannt hinnehmen wie wir. Sie sieht dies als einen Angriff auf ihre Weiblichkeit. Vorwürfe oder massive Selbstzweifel sind die Folge.

■ Der muskuläre Orgasmus

Kommen wir nun zu der mythenumrankten Form einer „heftigen Empfindung“: dem muskulären Orgasmus. Hier ist alles ganz anders. Und wenn ich sage „alles“, dann meine ich „alles“; nicht nur die Höhe, den Ausblick und den Sauerstoffgehalt der Luft. Denn nichts wird hervorgerufen durch Rubbeln, Reibung, Berührung, Tupfen, Saugen, sanfte indirekte Stimulation oder bestimmten direkten Druck mit eurem Kinn, von links nach rechts, rechts nach links, in gleichen oder wechselnden Rhythmen, je nach Vorliebe der Frau. Um der Ernsthaftigkeit des Themas gerecht zu werden, will ich jemandem das Wort erteilen, der uns mit der gebotenen Nüchternheit aufklärt.

□ Nashörner beim Sex!

Was passiert beim Nashornsex? Ja, ich verstehe, dass wollt ihr gar nicht wissen. Schließlich seid ihr Menschen. Doch ohne sodomistischem Treiben das Wort reden zu wollen, fordere ich euch trotzdem auf: Seht genau hin! In nicht ganz einer Stunde versteht ihr, was ich meine.

Da es vermutlich kein Nashorn um die Ecke gibt, das zur sofortigen Beobachtung einlädt, werde ich euch notgedrungen das Wesentliche nacherzählen. Wenige Worte reichen: „Das Männchen besteigt seine Partnerin.“ Jetzt ist der geeignete Augenblick, um kurz in den Supermarkt nebenan zu gehen und uns mit Getränken für das nachfolgende Länderspiel einzudecken. Denn uns entgeht nichts. Keine einzige Bewegung. Vielleicht verscheucht einer der beiden Kolosse mit einem kurzen Schlag seiner Ohren eine Fliege. Aber das tut hier nichts zur Sache.

Die beiden stehen nun für 40–45 Minuten regungslos da, bis das

Männchen irgendwann zitternd zur Seite kippt. Der Aufprall lässt den Boden beben und uns erahnen: Wir können umschalten! Es wird kein Nachspiel geben. Das Männchen hat seine Schuldigkeit getan und muss sich erst einmal davon erholen.

Als ich vor vielen Jahren diesen Teil einer Tierdokumentation sah, sprudelte es aufgeregt aus mir heraus:

> *Wie haben die beiden das angestellt? Wie kann er so bewegungslos versteinert einen Orgasmus erleben? Geht das auch bei uns Menschen?*

Ich will schon jetzt das Geheimnis lüften: Ja, es geht! Leider!

*

Doch bleiben wir ruhig noch ein klein wenig bei dieser ungewöhnlichen Szene. Unter den Gesichtspunkten Gewicht, Stabilität etc. ist das eben Beschriebene mehr als sinnvoll. Zu rammeln wie die Hasen wäre bei den Massen, die hier bewegt werden müssen, gar ein tödliches Unterfangen. Es würde noch weniger Spaß machen als unmenschlicher Sex auf dem Rücksitz. Einer der beiden würde sich immer irgendetwas brechen, das neuzuzeugende kleine Nashorn zusammen mit seiner Mutter qualvoll verenden, noch bevor es sich vereinigt hat. Die meditative und bewegungsökonomische Herangehensweise der beiden Nashörner ist vermutlich die einzige, die in ihrer Evolution nicht zu mehr Schäden geführt hat, als sie Nutzen bringt. Um eurem Einwand zuvorzukommen: Wäre den Nashörnern vor der Entwicklung ihres No-Movement-Sex die Löffelchenstellung bekannt gewesen, hätten sie es vermutlich nicht zu solch skurriler Meisterschaft gebracht.

Den Lesern, denen die Kurzbezeichnungen für erotische Stellungen und Praktiken nicht geläufig sind, sei erklärt, dass bei Löffelchen die beiden Partner sich aneinanderschmiegen wie zwei Löffel im Besteckkasten. In der Regel berühren sich dabei ihre Rückseite und seine Vorderseite. Das spart Platz und bringt mehr als ein Dutzend weiterer Annehmlichkeiten mit sich.

Löffelchen ist eine recht späte Erfindung aus dem Menschenreich und hat ihren Grund in der Tatsache, dass frau mehr und mehr klitoral masturbieren musste, um beim Sex mit einem Mann zu kommen. Dazu legte sie sich seitlich hin, denn auf eine Hand abgestützt ist Sex noch unbequemer als auf einer Waschmaschine.

Die Nashörner durften diese Stellung nicht oft genug in der freien Wildbahn beobachten, um sie in ihr eigenes „Liebesrepertoire" übernehmen zu können. Auch hatten die Nashörner damals wie heute keinen Fernseher. Und selbst wenn sie einen hätten, würde diese Stellung auf keinem Erotikkanal dargeboten. Den Grund hierfür werde ich euch etwas später erklären. Ein Lernfortschritt ist nicht zu erwarten.

No-Movement-Sex: Eindringen und dann keine (äußerliche) Bewegung, weder von seiner noch von ihrer Seite. Irgendwann stellt sich dann ein männlicher Nashornorgasmus ein. Dieser ist die Voraussetzung für Nashornsamenerguss und Nashornschwangerschaft. Die Tatsache, dass es immer noch Nashörner auf dieser Erde gibt, belegt: Es funktioniert!

Doch was hat das alles mit uns zu tun? Ganz einfach: Lasst uns annehmen, dass zum Dasein eines Säugetier-Weibchen nicht nur eine Gebärmutter und Zitzen gehören, sondern darüber hinaus eine Vagina. Sollte dies stimmen, dann ist die Nashornvagina, wie es scheint, in der Lage, auf wundersame Weise das Glied des Nashornmännchens zum Orgasmus zu bringen. Nichts anderes sehen wir, wenn das Männchen anfängt zu zittern. Sein finaler Absturz ist trotzdem vermutlich der Tatsache geschuldet, dass das Männchen jetzt einen Krampf in den Hinterläufen hat.

In Umfragen gaben die Nashornweibchen Folgendes zu Protokoll: Der Orgasmus des Partners ist gar nicht ihr primäres Ziel. Es geht dem Weibchen (so nimmt es gutgläubig an) vor allem um die eigene Lust! Sie masturbiert, solange es geht, *muskulär*. Was ihr nicht bewusst ist, ist die Tatsache, dass ihr die andauernde Lust nur deshalb vergönnt ist, damit irgendwann auch das Männchen kommen kann. Dass das Weibchen nicht nach ihrem ersten Orgasmus erschöpft in den Wüstensand sinkt, sondern sich aufmacht zu weiteren Gipfeln, liegt allein in *seinem* (auf sich warten lassenden) Orgasmus. Sie muss so lange weiter machen, bis auch er am Ziel ist.

Damit es dann nicht lebensgefährlich wird, wenn auch er jetzt nun sein Recht auf einen multiplen Orgasmus anmeldet, wird dieses Treiben mit seinem ersten Gipfel durch abrupten Spannungsabfall jäh unterbrochen. Das Ganze geht sicherheitshalber mit einem Krampf in allen seinen Gliedmaßen einher. Nur so wird verhindert, dass beide so lange ineinander verkeilt dastehen, bis *er* aufgrund von Sauerstoffunterversorgung im Gehirn Langzeitschäden davonträgt *oder sie* ein Hitzschlag ereilt.

Der Orgasmus des Männchens ist für das Weibchen also ein von den Hormonen erzwungener Kollateralschaden und Abbruchkriterium zugleich. Denn einen Shop, in dem das Nashornweibchen einen passenden Dildo kaufen könnte, gibt es nicht. Und selbst wenn, dann wäre sie nicht in der Lage, diesen zu benutzen.

Getrieben von den weiblichen Nashorn-Fruchtbarkeits-Hormonen hat das Nashornweibchen es zur Perfektion gebracht und ist in der Lage, sich genügend Spaß zu schenken, um eine Halbzeit lang in dieser nicht gerade gemütlichen Haltung auszuharren.

Interessant für uns Menschen ist die Erkenntnis, dass es sich bei dem nashornweiblichen Orgasmus nicht um einen klitoralen Orgasmus handeln *kann.* Nichts, aber auch gar nichts wurde von seiner oder ihrer Seite in diese Richtung unternommen. Es muss sich also um eine völlig andere Art von Orgasmus handeln.

□ **Blasenschwäche**

Um zu verstehen, was gerade passiert ist, will ich zu einem Thema kommen, zu dem ich ebenfalls aus einer TV-Sendung etwas lernen durfte. Es ist etwas bekannter als die Existenz von No-Movement-Sex. Das mag daran liegen, dass besagte Tierdokumentation meines Wissens nur ein einziges Mal lief. Ob der Grund hierfür das mangelnde Verständnis für die Tragweite des Gesehenen oder der manipulierende Einfluss der Hormone auf die Entscheidungsträger im öffentlich-rechtlichen Fernsehen war, kann ich nicht mit Sicherheit behaupten.

Wie dem auch sei: viele Frauen, die an einer Blasenschwäche leiden und auf ärztlichen Rat ihren Beckenboden trainieren, um den vorderen „Schließmuskel“ in den Griff zu bekommen, berichten, dass sie in der Folge völlig überraschend und in der Regel sogar zum ersten Mal in ihrem Leben einen muskulären Orgasmus erleben durften!

Anatomie

Gehen wir die Sache von der anatomischen Seite an. Fangen wir zunächst bei uns an: Unser Glied ist ein Schwellkörper in Form einer Röhre. Die Regel der Physik, dass sich Druck naturgemäß gleichmäßig in alle Richtungen ausbreitet hat zur Folge, dass sich die Betriebsform einer Strecke annähert. Will heißen: sie ist mehr oder weniger gerade.

Was genau die Vagina ist, das ist nicht ganz so einfach zu erklären. Da euch schon meine Ausführungen über die Hormonklassen sicherlich bereits an die Grenze des Erträglichen belastet haben, will ich an dieser Stelle darauf verzichten, ins Detail zu gehen. Ich will stattdessen eine Beschreibung geben, die zwar anatomisch nicht ganz korrekt ist, jedoch hilfreich, um zu verstehen, was wir in Zukunft zu tun und zu lassen haben:
Stellt euch die Vagina als einen Muskel vor, genauer gesagt: einen Hohlmuskel. Aufgepasst, jetzt wird es interessant! Der weibliche Muskel hat eine andere Form als der männliche: er ist nicht gerade, sondern gekrümmt. Bei der Vereinigung biegt nun das mehr oder weniger gerade männliche Glied den mehr oder weniger gebogenen weiblichen „Muskel".
Mit dem Beckenboden haben die vormals inkontinenten Frauen unwissentlich auch diesen Muskel trainiert. Auf hinterlistige Weise haben sie nun wieder Spaß am heterosexuellen Geschehen und werden in die Lage versetzt, sich muskulär zu verlieben.

Wir dürfen getrost annehmen, dass es sich auch bei der weiblichen Blasenschwäche um eine List der Hormone auf dem verworrenen Weg zur Schwangerschaft handelt. Kommt es über lange Zeit zu keiner Ausschüttung von Verliebtheitshormonen, dann wird also so manche Frau inkontinent, um hoffentlich den richtigen Arzt aufzusuchen, der ihr hoffentlich Muskeltraining verordnet. Doch das nur nebenbei.

*

Taucht nun der mehr oder weniger gerade Schwellkörper in einen mehr oder weniger gebogenen Hohlmuskel ein, dann wird letzterer gebogen. Er wird gerade gebogen. Diese Tatsache war leider nicht spektakulär genug, um es je zu einer Schlagzeile in einem Boulevardblatt zu bringen. Nehmen wir ein paar Bilder, damit ihr euch das besser vorstellen könnt:

Die singende Säge

Habt ihr schon einmal einen Musiker auf einer Säge spielen sehen? Der Musiker klemmt sich die Säge zwischen die Beine und biegt sie mit eine Hand. Je nach Tonhöhe mal mehr und mal weniger. Mit der anderen Hand streicht er mit einem Geigenbogen über den Rücken der Säge und entlockt dem Instrument die Töne.

Damit die Säge eine stehende Welle (d.h. einen Ton) hervorrufen kann, ist Grundspannung vonnöten. Mit einem Handtuch funktioniert das Ganze nicht. Da könnten wir biegen, soviel wir wollen, das Handtuch wird keine Lieder singen. So ähnlich ist es bei der Frau, nur genau umgekehrt. Der Muskel ist krumm vorgespannt und wird während des Verkehrs gerade gerichtet und so die Spannung weiter erhöht. Diese Spannung entlädt sich in einem muskulären Orgasmus, der in der Regel mit Kontrollverlust einhergeht.

Piezofeuerzeuge

Früher erzeugten Feuerzeuge einen Funken, wenn ein kleines Rädchen an einem Feuerstein rieb. Heute drückt man einfach einen Schalter nach unten, es macht "klick" und ein Funke entsteht. Hier ist es ein Piezokristall, der stark gebogen wird. Sofern der Druck groß genug ist, entlädt sich die hineingesteckte mechanische Energie in

Form eines Lichtbogens (Elektrizität) von mehreren 10.000 Volt. Die Vagina ist solch ein natürliches Piezoelement, das mechanische Energie direkt in Verliebtheit umwandelt. Und zwar dann, wenn die Spannung nachlässt.

Nun ist es leider so, dass für den Mann der Grad der Stimulation und damit die Intensität seines Orgasmus ungleich höher ist, wenn der ihn umgebende Muskel ein Mindestmaß an Widerstand und damit Reibung erzeugt. Das birgt leider die Gefahr, dass der Mann Gefallen an ihrer gut ausgebildeten Muskulatur findet.
Ist der Beckenboden allerdings so schlaff wie manches Hinterteil, an dessen Anblick wir uns nun leichter gewöhnen werden, dann passiert Folgendes: Das männliche Glied bringt den weiblichen Muskel in eine gerade Form. Doch es erzeugt dabei mangels Vorspannung auch keine Entladungsspannung. Es ist, als zöge sein Glied einen Strumpf an. Dessen schlaffe Form passt sich perfekt der Form seines Inhaltes an. Das ganze erzeugt allenfalls Reibungsenergie und Wärme. *Je trockener, desto mehr.* Dies ist deshalb auch der Weg, den viele Männer so unbewusst wie hilflos einschlagen, wenn ihnen der Königsweg nicht offensteht.
Je weniger muskulären Widerstand *ihr* Muskel seinen Bewegungen bietet, desto geringer seine Stimulation. Ein ausgiebiges Vorspiel würde in diesem Kontext auch noch den Reibungskoeffizienten herabsetzen und so den letzten Rest männlicher Stimulation zunichtemachen. Um selbst zu kommen, bleibt dem erfahrenen Mann also nichts anderes übrig, als sofort zur Sache zu kommen. Je früher, desto besser! Und das ist nicht einmal eigennützig. Denn schließlich geht es (den Hormonen) ausschließlich um die Schwangerschaft.

□ Muskuläre Masturbation

Wir erinnern uns: Frau kann klitoral masturbieren! Das allein ist erniedrigend genug. Doch es kommt noch unanständiger: Sollte der Mann aufgrund guter Beobachtungsgabe und richtiger Interpretation, in dem Wissen, dass es nun gefährlich wird, jede Bewegung einstellen, kann die Frau weiterhin sowohl ihren eigenen als auch seinen Muskel stimulieren. Das Nashorn hat es uns verraten. Verliebtheit und Schwangerschaft auf ihrer und Samen von seiner Seite sind trotzdem die natürlichen Folgen.

Wie macht sie das genau? Das Wichtigste wisst ihr bereits: Ihr Muskel ist krumm. Sie biegt ihn ganz einfach selbst, indem sie ihn an- und entspannt. Das funktioniert natürlich nur dann, wenn sie mit euch intim ist. Bei jeder Kontraktion legt sich dabei ihr Muskel eng um den euren. Die Frau ersetzt also männlich stoßende Bewegungen durch weibliches An- und Entspannen.

Für die Frau sind diese auto-physio-therapeutischen Übungen oft noch stimulierender als hetero-oszillierende männliche Bewegungen. Denn jetzt kann sie ihrem eigenen Rhythmus folgen. Sie bringt darüber hinaus ihre Muskulatur in Form, sorgt für größere Durchblutung dieses Bereichs, erhöht so noch einmal die Vorspannung und die Intensität ihrer Lust, beugt Inkontinenz vor und verbessert ihre zukünftige Lustfähigkeit.

So einfach, wie es klingt, ist muskuläre Masturbation allerdings nicht. In der Praxis muss das Weibchen schon viel üben, um zu regenerieren, was über Jahre verkümmert ist. Bei meinen Recherchen bin ich auf Fälle gestoßen, in denen der Mann dann schon mal Hämatome davontragen hat.

□ **Photofinish**

Frauen können, solange das Ungeborene noch nicht in den Geburtskanal eingetreten ist, den konkreten Moment der Geburt steuern, diese bei Bedarf sogar unterbrechen und um ein paar Tage aufschieben. Dies ist in den Großstädten nicht sehr bekannt. Bei Säugetieren in freier Wildbahn ist dies überlebenswichtig, wenn ein Raubtier sich zu unpassender Zeit in ihre Nähe verirrt.
Trotzdem wird immer wieder mal berichtet, eine Frau habe, sich in Wehen krümmend, an die Tore eines Krankenhaus geklopft und dann trotzdem auf dem Absatz kehrtgemacht, da im Kreißsaal Überfüllung herrschte. Auf einem Jahrmarkt wollte sie ihr Kind nicht zur Welt bringen. Die Wehen wurden abgestellt und sie kam ganz entspannt ein paar Tage später wieder vorbei, nachdem sie sich vorher telefonisch vergewissert hatte, dass der Moment günstiger sei.
Bei so viel Offenheit für die Automatismen der Natur wundert es mich, warum besagte Frauen überhaupt ein Krankenhaus für die Geburt brauchten. Aber ich will hier keine ideologische Diskussion vom Zaun brechen.

Wo war ich stehen geblieben? Ach ja, ich war bei Orgasmus und Timing. Also: Frauen können nicht nur die Geburt und ihre Wehen steuern, sondern auch, ob und wann genau sie einen muskulären Kontrollverlust erleben. Wenn sie denn die physischen Voraussetzungen hierfür mitbringen. In dem Fall, von dem ich hier berichten will, lässt alles darauf schließen, dass ihr Hohlmuskel schon immer allenfalls mitleiderregend war. Denn nie war sie auch nur mit einem der vielen (!) Vorgänger weiter als ins bayerische Voralpenland vorgestoßen. Wir verstehen problemlos: Die Männer hätten sich keine Vorwürfe machen müssen, denn die einzige Konstante in dem Spiel war sie selbst.

Nachdem sie von den physischen Voraussetzungen für Hochgebirgswanderungen erfahren hatte, ging sie mit viel Training ihre Inkonsistenzprobleme an. Ihr Partner unterstützte sie dabei, indem er sich über weite Strecken aufs Dasein beschränkte. So lernte sie, den ihr völlig unbekannten Bereich wahrzunehmen. Nach einem Jahr fast täglichen Trainings war sie in der Lage, ihre Lust und ihren Höhepunkt auf die Sekunde genau zu steuern. Ihr bevorzugter Moment war der Augenblick, in dem auch er zum Gipfel kam.

Beide zelebrierten über Jahre hinweg ein Photofinish. Seht also vor! Je öfter eure Gespielin mit euch Sex hat und je mehr sie dies nicht so sehr als einen Gefälligkeitsdienst versteht, sondern als Trainingseinheit, desto mehr besteht die Gefahr, dass aus dem gemeinsamen Zeitvertrieb Liebe wird.

■ Weitere Fragen und Neudefinition

Der eingangs zitierte Artikel unterscheidet leider nicht zwischen klitoralem und muskulärem Orgasmus. Es heißt schlicht „Orgasmus". Damit bestätigt sich wieder einmal: Sogar der Wissenschaftler *erkennt* immer nur das, was er bereits kennt. Manchmal ist das nicht viel und der Tatsache geschuldet, dass viele Wissenschaftler Spezialisten sind, die von immer enger gesteckten Wissensgebieten immer mehr wissen! (They know all about nothing.)

Aber wie ist es denn nun? Schließlich wollen wir Abwehrstrategien entwickeln. Da wäre es schon interessant zu wissen, ob sich frau beim klitoralen oder beim muskulären Orgasmus verliebt, von den vielen anderen ganz zu schweigen? Ich für meinen Teil will nicht annehmen, dass frau sich fortwährend in jedweden Mann, in dessen Nähe sie masturbiert, verliebt. Oder sogar in sich selbst bzw. ihre eigene Hand.

Natürlich könnte die Tatsache, dass bisweilen zwischen Selbstwahrnehmung und der Meinung aller anderen ein eklatanter Unterschied besteht, darauf hindeuten, dass sich Menschen tatsächlich in sich selbst verlieben können. Denn ich frage mich schon lange, wie es sein kann, dass einige Menschen, die wegen unzähliger Schönheitsoperationen kein anderer Mensch mit offenen Augen ansehen will, unverbrüchlich der Meinung sind, sie seien attraktiv.

Trotzdem, nein, den Schluss, dass schon der klitorale Orgasmus Liebe auslösen kann und will ich nicht ziehen. Hierfür muss es andere Gründe geben! Denn kein Mann kann einen klitoralen Orgasmus sicher ausschließen. Wir dürften uns von heute an mit keiner Frau gedankenlos paaren und müssten immer damit rechnen, dass sie sich selbst zum Höhepunkt bringt, alle guten Vorsätze über Bord wirft, jedes ihrer Versprechen bricht und ... sich verliebt. Angesichts dieser Drohung der Natur müssten wir uns vorher entscheiden, ob wir es mit der besagten Frau ernst meinen oder nicht!??

Ja, sicher, nichts hindert uns, trotzdem am nächsten Morgen die Flucht zu ergreifen. Doch seht euch vor: Ihr habt keine Ahnung, wozu verliebte Frauen fähig sind.

*

Meine These soll deshalb lauten:

Frau verliebt sich ausschließlich bei einem muskulären Orgasmus!

Und unsere Studie muss sich kritische Nachfragen gefallen lassen:

- *Wie kann es sein, dass in der Studie eine oder sogar mehrere Frauen einen muskulären Orgasmus hatten, während dieser auf freier Wildbahn kaum mehr vorkommt?*
- *Was waren die Kriterien für die Auswahl/Teilnahme der Studienteilnehmer? War die Teilnahme freiwillig? Für Männer und Frauen?*
- *Mussten sich die Teilnehmer selbst melden oder wurden sie angeworben?*
- *Bekamen alle Teilnehmer ein Honorar, nur die Männer oder nur die Frauen?*
- *Wie wurde Liebe definiert und festgestellt?*
- *Durfte sich etwa ein und dieselbe Frau mit hunderten Männern paaren, ein oder mehrere Male täglich, und die Studie wurde abgebrochen, wenn sie sich verliebt hatte? Wenn sie es also ablehnte, sich mit immer weiteren Männern zu paaren und stattdessen innerhalb von Sekunden eine Fixierung auf einen bestimmten Mann eintrat?*

- *Durften sich auch die Männer mit mehreren Frauen paaren?*

Mein Kopf beginnt, sich vor Schwindel zu drehen und ich muss meine These – schon wieder – korrigieren:

> *Männer, wollt ihr schönen Sex, dann befriedigt eure Frau klitoral, aber lasst um Himmels willen ihren Muskel innen vor!*

Wer ist ein Mann?

Ich will die beiden Herausforderungen (befriedige sie alpin und lasse sie himalajanisch unbefriedigt) in einem ersten Schritt getrennt voneinander betrachten und hoffe, am Schluss die Ergebnisse miteinander in Beziehung setzen zu können, und zwar mit einer für alle menschlichen Parteien erträglichen Lösung.
Wenden wir uns also zuerst dem klitoralen Orgasmus zu.

Der klitorale Orgasmus war zunächst eine rein private Angelegenheit der Frau, für den Fall, dass einmal kein Mann zur Verfügung stand bzw. dieser nicht in der Lage war, ihr die gemeinsame Zeit angenehm zu gestalten. Sollten wir Männer ab heute Interesse an dieser Variante der Lust bekunden und dabei ähnliche Resultate erzielen wie sie selbst, werden die Frauen uns mehr als dankbar sein und jederzeit bereit, die gemachten Erfahrungen regelmäßig zu wiederholen.

Eigentlich hatte ich Diskretion versprochen. Doch ich kann nicht anders, als mein Versprechen zu brechen und auszuplaudern, was mir eine Frau in vertraulicher Atmosphäre gestand: „*Nur wer eine Frau oral befriedigen kann*“, so flüsterte sie, „*ist ein Mann!*“
Ich kann nur vermuten, was alles mit diesem Satz gemeint war. Denn als die Zitierte obigen Satz formulierte, war ich zu irritiert, um nach-

fragen zu können. Gleichwohl ist mir ihre Forderung nicht aus dem Kopf gegangen. Es hat mich nicht wenig Anstrengung gekostet, ihr ein paar verwertbare Gedanken zu entlocken. Ich will euch die Ergebnisse nicht vorenthalten:

Meine Bekannte will also oral befriedigt werden. Oral-muskulär geht ja nun nicht so einfach. Also vermute ich, dass ihr oral-klitoral vorschwebte. Die Frage, die sich mir stellt, ist, was nun genau bei ihrer Definition des Mannes im Vordergrund stand: oral oder klitoral. Für oral könnte sprechen, dass sie vielleicht schlechte Erfahrungen gemacht hat: Seine Fingern waren zu rau, die Fingernägel zu lang, die Bewegungen zu hart und direkt oder er hat sich schlicht oft die Finger nicht gewaschen.

Aber irgendwie habe ich das Gefühl, dass sie noch gar nicht so viele Männer im Bett hatte, die sich ausgiebig manuell um ihre Klitoris bemühten. Ich tendiere deshalb stark dazu, dass es ihr überhaupt und generell um einen *klitoralen* Orgasmus ging. Nicht mehr und nicht weniger! Sollte ich mit dieser Vermutung recht haben, dann sehnt sich meine Bekannte danach, dass *er* hervorruft, was *sie* jederzeit auch allein in der Lage ist, zu tun. Da stellt sich natürlich die Frage: Warum ist ihr dies so wichtig? Wäre es nicht besser, wenn sich die Männer in ihrem Bett auf das konzentrierten, was sie nicht kann?

Ich habe leider den richtigen Zeitpunkt verpasst, nachzufragen. Käme ich heute, mit ein paar Jahren Verspätung, und würde fragen: „Du, was hast du eigentlich damals gemeint, als du sagtest, …“, würde sie mich vermutlich hochkantig vor die Tür setzen und mit spitzer Stimme hinzufügen: *Jetzt brauchst du es dir auch nicht mehr zu überlegen!* Was mir also bleibt, ist wieder und immer nur – zu denken. Hier meine Ergebnisse:

- *Ein Mann soll – so verstehe ich es – wissen, wie seine Bettgefährtin klitoral funktioniert.*

- *Da erfahrungsgemäß jede Frau noch einmal anders funktioniert, heißt das auch, dass er sich deshalb die Mühe machen soll, herauszufinden, wie genau ihre Bombe tickt. Meine Bekannte will also nicht, dass er sein woanders geschöpftes Wissen 1:1 auf sie anwendet und denkt, damit sei es getan.*
- *Drittens will sie sich, so vermute ich, zurücklehnen dürfen. Denn der klitorale Orgasmus hat (im Gegensatz zum muskulären) viel mit Entspannung zu tun. Der Unterschied zwischen einem autoerotischen und einem fremd-initiierten klitoralen Orgasmus ist vermutlich ähnlich wie zwischen sich selbst kitzeln oder gekitzelt werden. Muss frau selbst tätig werden, dann ist sich selbst kitzeln also irgendwie kontraproduktiv und beeinträchtigt ihre Lust. Ja, prinzipiell könnte sie es auch allein. Aber meine Bekannte hat wie es scheint die Hoffnung nicht aufgegeben, es könne noch besser sein, dürfte sie sich ganz dem Genießen überlassen.*
- *Vielleicht kennt sie ihren muskulären Orgasmus auch gar nicht und will nicht irgendwie muskulär stimuliert werden, mit der Konsequenz, dass sie das Gefühl hat, etwas stimme mit ihr nicht. Ja! Da kribbelt etwas, und es ist angenehm! Aber es findet keine Explosion statt. Nicht einmal eine kleine. Meine Bekannte konnte das alles vielleicht nicht einordnen und fühlt sich beim kopulativen Sex sogar irgendwie krank. Deshalb ist sie der Meinung: Besser der Spatz im Mund als die Taube auf dem Dach.*
- *Was sie also vermutlich sagen will:*

  „Liebe Männer, stellt zuerst einmal sicher, dass ich klein, aber fein komme, bevor ihr versucht, mir die Besinnung zu rauben. Denn die Wahrscheinlichkeit eines Wunders ist sehr gering, wenn nicht gleich null! Wenn ihr also glaubt, dass ich automatisch maximale Lust empfinde, wenn ihr in mich eindringt, dann habt ihr euch grundlegend getäuscht."

- *Wir können hinter dieser Forderung auch den Wunsch vermuten, dass sie für den Mann in ihrem Schritt wichtiger sein will als er sich selbst. Wenigstens für ein paar Minuten. Dann darf er alles mit ihr anstellen, was ihm so in den Sinn kommt.*
- *Mit anderen Worten: Erst in der Fähigkeit des Spielgefährten zum Verzicht fühlt sie sich nicht benutzt, und er wird zum Mann.*

Vielleicht ahnte sie jedoch bereits, dass sie sich bei muskulärer Lust verlieben würde und hat deshalb geflüstert, damit ihre Hormone nichts davon mitbekommen, dass dies *ihre* Gegenstrategie ist, um der Matrix zu entkommen!

■ Beobachten

Um eine Frau zum klitoralen Orgasmus zu bringen, müssen wir natürlich verstehen, wie das geht. *GQ, Cosmopolitan, FHM* etc. helfen hier nur bedingt weiter. Denn selbst wenn das dort Gelesene zufällig stimmen sollte, trägt es den Makel, dass unsere Bettgenossin sofort bemerkt, dass wir nicht auf die Suche gehen und nichts ausprobieren. Dass wir uns keine Mühe geben. In ihren Augen spulen wir nur ein Standardprogramm herunter. Um sie alpin zu stimulieren gehört also weit mehr dazu als gute Technik. Vermutlich sogar ein Irrweg. Wir müssen hinsehen, um herauszufinden, was wir hier und jetzt und diesmal tun und lassen sollten! Aber vom Beobachtet-werden allein wird eine Frau nicht automatisch geil. Sogar das Gegenteil könnte der Fall sein, denn es ist wie mit Photos: Die schönsten davon entstehen dann, wenn sich die Person unbeobachtet glaubt. Verringern wir also noch weiter die Distanz und gehen wir zum Spüren über.

*

Jetzt habe ich ein Problem. Ich will keinen Porno schreiben. Gleichwohl ist das Folgende nicht unwichtig. Denn für einige von euch ist dies in Zukunft sogar der einzige Weg, bei einem allzu kompatiblen Weibchen Lust zu wecken, ohne dass sie sich sofort verliebt.

Deshalb will ich entgegen meiner normalen Zurückhaltung deutlicher werden, als es mir lieb ist. Ich versuche bei alledem trotzdem die Anstandsgrenze zu wahren, auf die Gefahr hin, dass damit viele verunsicherte Leser abspringen. Sei's drum. Es ist nur fair, wenn auch ich in diesem Buch einmal Opfer bringe.

Ist diese Hürde erst einmal genommen, wird es anschließend hoffentlich noch viele andere Wege geben, die *nicht* nach Rom führen.

Also: Generell und immer gilt: Die ganze Gegend darf nicht zu trocken sein. Bei euch ist das ja auch nicht anders! Wenn euch eure Gespielin emotional voraus ist, sollte Trockenheit nicht euer Problem sein, selbst wenn ihr euch nicht mit euren Lippen, sondern mit euren Fingern in ihrem Schritt zu schaffen macht.

Verlangt sie nach Schmierung, dann dürft ihr euch nicht mit billigen Ausreden abspeisen lassen. Ja, sicher, es kann vorkommen, dass frau auch im höchsten Erregungszustand zu wenig Gleitcreme produziert. Und um dieser herzerweichenden Story Nachdruck zu verleihen, ist sie sogar bereit, auf der Suche nach Linderung ihres Leidens von einem Arzt zum anderen zu laufen. Und dann kommt plötzlich ein Prinz aus einem fremden Land, findet den Schalter in ihrem Kopf und von da an muss sie bei passender Gelegenheit sogar Windeln tragen, um nicht durchzunässen.

Hey, lasst euch nichts vormachen! Im Normalfall bedeutet Trockenheit, dass ihr noch nicht die richtige Ebene gefunden habt und sie euch immer noch etwas vorspielt. Noch erträgt und duldet sie euch mehr, als dass sie euch genießt. Sie kann doch nur spielen.

Ein Grund für ihre Trockenheit ist vermutlich, dass eure Vorgänger immer sofort zur Sache kamen und dass deshalb das einzige, was sich eure Kameradin immer erhoffte, mit so großer Regelmäßigkeit auf der Strecke blieb, dass sie einen völlig falschen Eindruck von sich selbst gewonnen hat. Allein die Erwartung, dass sich zu der endlosen Reihe von kopulativen Enttäuschungen eine weitere gesellen wird, ist Grund genug, nicht feucht zu werden. Ihr Kopf sagt: „Gib ihm eine Chance!“ Ihre Schleimhaut antizipiert die vermutete Enttäuschung.

Für die Lösung dieses Problem gibt es nur einen Weg: Ihr zieht eure eigene Hose erst dann aus, wenn ihr auf dem Laken unter ihren Hüften einen großen dunklen Fleck seht. Wenn also auch ihre Schleimhaut verstanden hat, dass ihr nicht wie alle anderen Männer

vor euch seid; dass ihr gar nicht euer eigenes Ziel im Sinn habt und sie nicht nur zu eurer eigenen Befriedigung benutzt.
Letztlich hängt alles davon ab, dass ihr warten könnt, ohne Erwartungsdruck zu erzeugen, der ihr signalisiert: *Er will doch nur, dass ich so schnell wie möglich komme, damit auch er so schnell wie möglich kommen kann und trotzdem der Held ist.* Denn darauf wäre ihre erneut unbewusste Reaktion: „*Da spiele ich nicht mit, sondern allenfalls etwas vor!*“

■ Probieren geht über Studieren

So, und jetzt muss ich euch allein lassen, denn ab hier gibt es nichts mehr, was bei allen Frauen funktioniert. Ihr müsst einfach ausprobieren. Was bleibt, sind unzählige *Fragen*:

- *Wo will sie berührt werden?*
- *Sind es eher Kreise oder Linien?*
- *Welche Richtung haben diese? Von oben nach unten oder umgekehrt, links oder rechts herum?*
- *Will ihre Klitoris eher direkt oder indirekt angegangen werden?*
- *Welchen Rhythmus liebt sie?*
- *Gehört sie zu denen, die regelmäßigen Rhythmuswechsel liebt oder fängt mit jeglicher Veränderung alles wieder von vorne an?*
- *Liebt sie es, wenn ihr dabei ihre Schamlippen zusammendrückt?*
- *Mag sie es mehr mit der rauen Zungenoberfläche oder mit der Zungenspitze, oder gehört sie zu denen, die am besten auf eure Nase oder euer Kinn reagieren?*
- *Liebt sie mehr das Saugen oder ist ihr das unangenehm?*
- *Ein Dreitagebart ist an dieser Stelle nur ganz selten willkommen.*

Es soll sogar vereinzelt Frauen gegeben haben, die bei einer bestimmten Art von Massage des Unterschenkels einen Orgasmus bekommen haben. Natürlich kam diese Erfahrung für beide Seiten unerwartet. Interessant daran war vor allem, dass *er* etwas herausgefunden hatte, was *sie* nicht wusste und was er in keiner Zeitschrift gelesen haben konnte!

□ Seid ihr auf dem richtigen Weg?

Wenn ihr etwas Neues ausprobiert, dann bleibt ein oder zwei Minuten dabei. Lasst ihr Zeit, sich daran zu gewöhnen und einzuschwingen, es sei denn, sie teilt euch sofort mit, dass dies genau das ist, was sie ganz und gar nicht mag.
Es gibt eine Reihe von Anzeichen dafür, dass ihr auf dem richtigen Weg seid:

- *Was macht ihr Becken? Fängt sie an, es allmählich rhythmisch zu bewegen?*
- *Wird das Ganze unterbrochen von winzig kleinen Zuckungen?*
- *Ist sie versucht, ihre Beine zu schließen und kontrolliert sich, aus Angst, euren Kopf einzuzwicken?*
- *Wird ihr Atem allmählich immer intensiver? Allmählich!*

Normalerweise solltet ihr jetzt die eingeschlagene Richtung beibehalten, auch wenn es trotzdem noch 20 Minuten dauern kann, die letzten unbewussten Zweifel fallen zu sehen.

□ Zu früh

Sollte euer Forschungsobjekt allerdings sofort bei der ersten Berührung loslegen wie ein Vulkan bei einer Eruption, dann hat dies gar

nichts zu bedeuten, auch wenn eure Brust vor Stolz schwillt. Sie ist es gewohnt, Männern etwas vorzuspielen. Ihr könnt schließen, dass sie es bisher nur mit Idioten zu tun hatte. Denn vor euch haben ihr alle Männer bereitwillig geglaubt, sonst hätte sie solches Gehabe längst aufgegeben.
Das genau ist eure Chance: ihr werdet der erste richtige Mann in ihrem Leben sein. Aber Achtung! Mir sind leider keine Studien bekannt, die sich der Frage widmen, ob Frauen sich nicht auch verlieben, wenn sie einmal mit einem Gentleman die Laken teilen. Evtl. nahmen ja auch ein paar verarmte Landadelige an der Studie teil, um die Renovierung ihres alten Herrenhauses zu finanzieren. Ein gewisses Restrisiko bei zu viel Aufmerksamkeit kann ich also nicht von der Hand weisen. Hierzu muss ich auf das Schlusskapitel verweisen, denn ich will mich nicht verzetteln.

Zurück zu unserer Schauspielerin. Der Nachteil naiver und übertriebener Vorspielungen ist, dass der Lärm euch den Blick auf die Wirklichkeit verstellt. Ihr solltet jetzt sofort irgendetwas tun, bei dem Gestöhne keinen Sinn hat: eine gute Hand-, Fuß-, Rücken-, Kopf- oder Sonstwie-Massage zum Beispiel. Oder ihr geht für ein paar Minuten an die frische Luft und lasst die Balkontür offen, um zu wissen, wann sie sich wieder beruhigt hat und merkt, dass etwas fehlt. Doch ich will euch warnen: Auf keinen Fall solltet ihr euch die Zeit auf dem Balkon mit der Zigarette zwischendurch vertreiben.

Seid vor allem nachsichtig, denn eure Partnerin/Geliebte/Gespielin ist keine Ausnahme. So viele Frauen haben sich einfach daran angewöhnt, sofort eine Rolle zu spielen. In aller Regel ist dies ein Zeichen dafür, dass sie alle Hoffnung aufgegeben haben. Ihnen ist der Spatz auf dem Dach lieber als gar nichts. Sie wollen wenigstens der Grund für die körperliche Lust des Mannes sein, wenn ihnen selbst selbige nicht vergönnt ist.

Ja, ihr habt richtig gehört: Eine Frau kann Lust daran finden, der Grund für die Lust ihres Partners zu sein. Und dies kommt gar nicht so selten vor. Denn schließlich hat jede Frau das Recht auf eigene Lust. Manchmal muss sie hierzu allerdings erfinderisch werden.
Männer, die ähnlich vorgehen und glücklich sind, wenn sie ihrer Gespielin eine Stunde bei multiplen Orgasmen zusehen dürfen, sind immer noch eine Rarität, werden aber vermutlich mit unserer Studie häufiger werden. Hier lauern jedoch wie schon angemerkt Fallen auf der anderen Straßenseite, die später behandelt werden sollen.

□ Zurücklehnen und genießen

Je entspannter eure Eroberung ist und je länger sie eure Massage und andere Manipulationen genießend erträgt und dabei völlig vergisst, was von ihr erwartet werden könnte, und je mehr sie sich am Ende zuerst in kurzen Zuckungen und dann mit großer Kraft anspannt, desto sicherer könnt ich sein: Ihr macht alles richtig und sie wird euch in Zukunft in die Kategorie „Mann“ einordnen. Hoffentlich, ohne sich gleich zu verlieben.

Das sicherste Zeichen für ihren klitoralen Orgasmus ist, dass sie am Ende euren Kopf wegschiebt und bittet, sie nicht weiter zu stimulieren. Denn ab jetzt ist ihr jede Berührung für ein paar Minuten unangenehm. Da geht es ihr nicht anders als uns Männern. Ach ja, wie es scheint, biegt sie, wie eingangs erwähnt, ihre Zehen nach oben. Wann genau und wie lange, das konnte ich bei meinen logischen Überlegungen nicht herausfinden.
Ich wäre ja mal versucht, via *Cosmopolitan* oder *FHM* ein neues „untrügliches“ Anzeichen für einen weiblichen Orgasmus in Umlauf zu bringen, zum Beispiel: „Sie fängt an, an ihrem Daumen zu lutschen“ oder „Sie bekommt einen Migräneanfall in der linken Schulter“ oder

„Sie bohrt sich mit dem linken Mittelfinger in der Nase und gleichzeitig mit dem rechten im Ohr!“ Ich wette, schon wenige Tage nach der Veröffentlichung werden viele eurer Gefährtinnen einen Rückfall in ihre Kleinkindzeit erleben und anfangen zu popeln. Es würde mich nicht wundern, wenn Zehenbiegen ähnlichen Ursprungs wäre.

Doch zurück ins Bett: Ist die intensive Welle der ersten Lust vorüber, könnt ihr gegebenenfalls ein paar Minuten später den nächsten Anlauf wagen. Doch Achtung, hier begebt ihr euch erneut auf dünnes Eis. Denn es könnte sein, dass auch das Aufeinanderfolgen mehrerer klitoraler Orgasmen Liebe weckt, wenn diese nicht autoerotischen Ursprungs sind. Leider gibt unsere Studie auch hierüber keine Auskunft. Denn von multiplen Orgasmen war in keiner Zeile die Rede. Zum Glück! Denn sonst hätte sich die Studie hiermit gänzlich unglaubwürdig gemacht. Ich möchte deshalb dringend dazu raten, euer Ego zu zügeln und gerade so viel zu tun, dass *sie* sich selig lächelnd zurücklehnt. Gut kann schnell zu gut sein! Besser, ihr belasst es bei dem besser!

Anatomie

Auch wenn meine Bekannte ihre Definition eines Mannes sehr provokativ vorgebracht hat, war das zurückliegende Kapitel hoffentlich leicht zu lesen. Schließlich ging es um etwas Positives. Es ging um das *Wie* und das *Was*! Darum, was konkret wir tun können, um eine Frau alpin zufriedenzustellen und uns so in ihrer Bestenliste auf Platz eins einzutragen.

Jetzt müssen wir uns leider genau mit dem Gegenteil befassen: „Was und wie *nicht*!" Es geht um das Lassen-Müssen. Darum, wie wir verhindern können, dass frau muskulär *zu sehr* stimuliert wird. Mit dieser Fragestellung geht automatisch eine gewisse Schwere einher, denn jetzt ist vor allem Zurückhaltung gefragt. Und wir müssen gleichzeitig denken, rechnen und fühlen, bevor wir allzu aktiv werden.

■ Size Matters

Zuerst will ich gewisse Meinungsverschiedenheiten auflösen, denen der interessierte Leser von Frauenzeitschriften immer wieder begegnet:

- *Einige Frauen schwören auf lang.*
- *Andere auf kurz.*
- *Die einen stehen auf dick.*
- *Und wieder andere auf dünn.*

Lasst uns einmal versuchen, ob wir dieses Rätsel allein mit Hilfe der anatomischen Faktenlage und etwas Logik klären können: frau hat – das sollte mittlerweile klar sein – nicht zuerst irgendwelche Schalter in ihrem Unterleib, die Kontaktschwierigkeiten haben können, sondern einen Muskel, der gebogen werden will. Ist dieser stark gekrümmt (in den Worten der Mathematik: Ist der Radius des Kreises, dessen Segment die Vagina mit ihrem gedachten Mittelpunkt umschließt, sehr klein), dann kann schlanke männliche Kürze gegebenenfalls genügend Biegung erzeugen.

Ist ihr Muskel hingegen eher flach gekrümmt (ist der Radius vergleichsweise groß), dann muss schon mehr stimmen, um Biegespannung zu erzeugen. Passen beide Muskeln zusammen, dann kann schon die Tatsache, dass das Männchen beim Akt rhythmisch Blut nachpumpt und sich so der Durchmesser noch einmal um 1 oder 2 mm erhöht, sie schlagartig auf das Dach der Welt beamen.

Und wer befürchten muss, unter den Frauen Angst und Schrecken zu verbreiten, sollte sich also grundsätzlich zurücknehmen und sich seine Mitspielerin sehr gut aussuchen.

Ich ahne, dass dies den Angesprochenen sehr schwerfallen könnte. Denn vor vielen Jahren versuchte ein Dozent an einer Münchner Universität mittels wissenschaftlicher Studien zu belegen (Gott, wie ich

Studien liebe!), dass bei gewissen Tierarten ein direkter Zusammenhang festgestellt werden könne zwischen der Größe der männlichen primären Geschlechtsorgane und dem Trachten, diese auch einzusetzen. Leider habe ich bislang von keiner Studie gehört, die klärt, ob der Mensch hiervon ausgeschlossen ist. Der kleine Silvio auf der anderen Seite der Alpen kann auf jeden Fall nicht als Argument ins Feld geführt werden. Denn der Vortrag besagte nicht, dass besonders *kleine* tertiäre Geschlechtsmerkmale (Körpergröße) nicht besonders großen Kompensationsdrang zur Folge haben können und dass letzterer nicht auch ausgelebt wird, wenn Silvio zwar nicht viel in der Hose, dafür aber umso mehr in den Taschen hat.

*

Doch zurück zu euch. Diejenigen unter euch, die sich bisher geschämt haben, aber Kompensationsbemühungen nicht finanzieren konnten, sind die Gewinner dieser Runde. Ihr dürft ab sofort erleichtert aufatmen, vor allem bei großen Frauen und außerhalb Japans. Solltet ihr euch im physischen Mittelmaß wiederfinden, dann bleibt euch vorerst nichts anderes übrig, als weiterzulesen. Unsere Reise ist noch lange nicht zu Ende!

□ Beckenbodenkonstitutionsrecherche

Das Wort „Vagina“ setzt bei vielen Männern reflexartig Testosteron frei, womit vorübergehend der IQ unter das normale Niveau absackt. Der Grund hierfür ist, dass das Blut woanders gebraucht wird und Sauerstoff nicht ausreichend überall zur Verfügung steht. Ich will deshalb das, worum es in den folgenden Kapitel gehen soll, fürderhin „Beckenboden“ nennen, um euch nicht permanent aufzugeilen. Schließlich will dieses Buch nicht eurer sofortigen Stimulation oder gar Erheiterung dienen, sondern Lösungswege aufzeigen, die auch in Zukunft ein normales Leben ermöglichen. Zum Verstehen brauchen wir einen klaren Kopf!

Becken gut – Boden gut!
Wir dürfen uns wie gesagt auf keinen Fall unkontrolliert mit Frauen paaren, ohne zu wissen, womit wir es muskulär gesehen zu tun haben! Sonst besteht die Gefahr unerwarteter Verliebtheit. Aber wie um Himmels willen sollen wir ihren Beckenboden bewerten können, wo wir ihn doch nicht sehen, nie gesehen haben und vermutlich auch nie sehen werden?

Die Antwort auf die Frage nach einer etwaigen Blasenschwäche könnte uns womöglich Auskunft geben. Doch mit dieser gut gemeinten Frage käme unsere Balz jäh zu ihrem Ende. Auf wahrheitsgetreue Antwort dürfen wir ohnehin nicht hoffen. Das Weibchen wird keine Auskunft geben *wollen*. Und ihr Gynäkologe *darf* es nicht. Er unterliegt der ärztlichen Schweigepflicht. Und selbst wenn er dürfte, dann gäbe es meines Wissens keinen Test und keine Messmethoden dafür, den Radius und den Tonus von Beckenböden zu bestimmen.
Ich hätte da schon ein paar Vorschläge. Aber bis die Offenheit fortschrittlicher Gynäkologen eine marktreife Entwicklung finanziell rechtfertigen kann, werden sicher noch ein paar Jährchen ins Voralpenland ziehen.

*

Doch so aussichtslos unser Unterfangen in Ermangelung geeigneter Messgeräte auch scheint, es gibt einen, der uns helfen kann: unser Verstand! Er vermag dorthin vorzudringen, wohin noch nie ein Auge je geblickt hat.
Versuchen wir es mit einer Analogie. Ein Sportwagen mit nagelneuem Chassis lässt vermuten, dass auch Motor, Getriebe und Bremsschläuche neu sind. Niemand wird einen alten Motor in einen neuen Wagen einbauen. Das ergibt keinen Sinn. Wir dürfen also vom Guten, das wir *sehen*, auf das Gute schließen, das wir *nicht sehen*. Nein, ich meine nicht ihre Oberweite, ihr Beckenumfang und wie schmal ihre Taille ist. Es geht um ihre Muskulatur.
Geht ein Mann oder eine Frau täglich ins Fitness Center und ist seine / ihre Oberflächenmuskulatur gut trainiert, dann dürfen wir selbiges auch von allen anderen Muskeln erwarten, auch denen, die in tieferen Schichten liegen und die wir deshalb nicht sehen können. Eine gut ausgebildete Bauch- und Oberschenkelmuskulatur in Verbindung mit einem durchtrainierten Popo lassen also bei Frauen auf einen ebenso strammen Beckenboden schließen. Vor allem wenn sie richtig trainiert.

*

Ein Teilziel ist erreicht, denn unsere Suche verlagert sich von ihrem Inneren an ihre Oberfläche. Nur, woher sollten wir ihre Oberfläche kennen, bevor wir sie auszogen haben? Wer von uns brächte es über sein Herz, noch an ihrer Bettkante die Flucht zu ergreifen, wenn er merkte, dass sie viel zu muskulös ist. Frauen sind schließlich Meisterinnen darin, Kleider lügen zu lassen!
Noch schwieriger wird es, wenn es sich nicht um *ihre*, sondern um

eure eigene Bettkante handelt. Rauswerfen geht gar nicht, auch wenn eure Begründungen im ersten Moment verständlich sein mögen:

> *„Du, ich dachte nicht, dass du so sportlich bist! Ich habe Bandscheibe! Können wir das ganze später weiterführen, wenn ich die Reha hinter mir habe!“*

Solltet ihr nach vorangegangener Relativierung eurer subjektiven Selbstüberschätzung immer noch der Meinung sein, weit über dem Durchschnitt zu liegen, dann lasst bitte die Finger von kleinen Frauen. Umso mehr, wenn diese Pferdeliebhaber sind und drei Mal in der Woche ausreiten. Entweder sie kommt bei eurer ersten Bewegung oder sie kommt gar nicht. Ihr Stöhnen wird vermutlich nicht der Lust entspringen, sondern dem Schmerz.

Sport

Damit wären wir auch schon beim nächsten Indiz: Sport. Ein vielversprechender Weg, schon am Tresen herauszufinden, wie es denn um ihre Konsistenz aussieht, wäre, Interesse zu heucheln und sie nach ihren Hobbys zu fragen. Lasst eure Finger von der sportlichen Skifahrerin, die auch in schwierigstem Gelände wie auf einem Monoski durch den Schnee reitet. Das kann sie nur, wenn sie ihre Beine auf gesamter Länge mit großer Kraft aneinanderzupressen in der Lage ist. Muskuläre Ohnmacht ist kaum vermeidbar.

Auch professionelle Balletttänzerinnen eignen sich wegen ihrer geringen Größe und der damit einhergehenden Radien und ihrer hervorragenden muskulären Konstitution vermutlich nicht.

Sollte eure Gesprächspartnerin jedoch leidenschaftlich Snowboard fahren, gibt euch dieses Wissen ein paar Informationen über ihren

Gleichgewichtssinn, sagt jedoch nichts Verwertbares über ihren Beckenboden aus. Die Tatsache, dass vermehrt junge Frauen sich vom herkömmlichen Skisport ab- und dem Snowboard zuwenden, scheint mir ein weiteres Indiz für grassierende Inkonsistenz zu sein. Wie wir Männer auch, flüchten die Frauen gerne, anstatt sich den Tatsachen zu stellen und diese zu ändern. Und dabei läge doch gerade in dem, wovon sich alle abwenden (Ski), eine Lösung. Auch für die Hormone. Letztere haben noch keinen Weg gefunden, Frauen von modernen Sportarten abzubringen, die ihren Lebensraum bedrohen.

Für uns Männer sind einige dieser Sportarten ein Segen, da sie Bereiche trainieren, die schön anzusehen sind, ohne damit automatisch bestehende Inkonsistenz zu therapieren. Im Gegenteil: Jede Minute, die Frauen in dergleichen Aktivitäten investieren, hindert sie daran, sich Übungen zuzuwenden, die am Ende des Tages falscher Liebe Vorschub leisten.

Ausnahmen bestätigen die Regel!

Ja, es wäre schön, wenn sich umgekehrt von einer schlechten muskulären Gesamtsituation auf einen defizitären Beckenboden schließen ließe. So die Hoffnung aller Frauen, die der These „Sport ist Mord“ anhängen. Weder sie selbst noch die Männer müssten Angst haben und sie stünden plötzlich ganz hoch im Kurs.

Leider dürfen wir es uns jedoch auf keinen Fall so einfach machen. Denn dieser Schluss ist voreilig, weil es sehr wohl vorkommen kann, dass ein einziger Muskel trainiert ist, ohne dass die physische Gesamtkonstitution damit automatisch gehoben würde:

- *Profikiller bewegen im Extremfall nur den Abzugsfinger.*
- *Auch das tägliche Öffnen von Bierflaschen trainiert singulär eine*

einzelne Muskelgruppe.

- *Obiges Beispiel hat gezeigt: Wenn frau es falsch anstellt, dann ist Sex nichts anderes als Beckenbodentraining. Sollte sie zwar sportlich abstinent leben, aber regelmäßig die Zweisamkeit pflegen, dann könnte es gut sein, dass bei ihr genau ein einziger Muskel gut ausgebildet ist.*

Es kann es also gut sein, dass eine ganz und gar untrainierte Frau gerade erfolgreich ihre Inkontinenz und damit auch ihr Inkonsistenzproblem in den Griff bekommen hat und uns aus falscher Scham und Bescheidenheit nichts davon erzählt. Deshalb Vorsicht! Wiegen wir uns nicht zu früh in Sicherheit. Eine positive äußere Konstitution lässt sehr wohl auf einen guten Beckenboden schließen, eine negative äußere Erscheinung schließt Verliebtheit in keiner Weise aus.

Bildung

An dieser Stelle muss ich mein Versprechen einlösen und wenigstens ein paar Worte über das Thema Frau und Intelligenz verlieren. Es hat mich schon immer verwundert, was der Grund dafür ist, dass viele Männer weibliche Intelligenz und Bildung meiden wie die Pest und Frauen bevorzugen, die *nur* schön sind. Überraschenderweise fand ich die Antwort während meinen Recherchen über Schläferhormone und Beckenböden.

Hormone treffen ihre Entscheidungen prinzipiell nach dem Gesetz der großen Zahlen. Statistik ist für sie interessanter und hat mehr Aussagekraft, als für Mathematiker und Marktforscher. Es reicht aus, dass eine Eigenschaft auch nur eine um 1–2 % geringere Aussicht auf Fruchtbarkeit verspricht als der Durchschnitt, um diese pauschal abzulehnen.

Nicht, dass Frauen mit den Maßen 90 - 60 - 90 automatisch sportlich wären, einen guten Beckenboden hätten und sich schneller verlieben könnten. Solcherlei Eigenschaften haben – sogar wenn sie natürlichen Ursprungs sind – keinerlei statistische Aussagekraft für muskuläre Liebe. Trotzdem interessieren sich die Hormone einschließlich ihrer Schläfer für sie. Denn an ihnen lässt sich ablesen, ob ein Kind vor, während und nach der Geburt statistisch gesehen eine höhere Überlebenswahrscheinlichkeit hat als andere. Dergleichen Maße wurden bereits in den Weckruf für die Schläfer erster und zweiter Ordnung eingearbeitet. Und eine ganze Industrie versucht seit einigen Jahren diese statistischen Präferenzen der Hormone für sich zu nutzen.

Da Schönheitsoperationen bezogen auf den Zeithorizont der Hormone jedoch erst seit ein paar Sekunden existieren, ist es der Hormonfamilie bisher noch egal, dass hier offensichtlich gelogen wird. Auswertbare Zahlen liegen noch nicht vor. Es geht ausschließlich um das Hier und Jetzt und nicht um das Morgen. Schlüsselreiz ist nun mal Schlüsselreiz!

*

Doch entschuldigt, ich bin vom Thema abgekommen. Ich hatte versprochen, zu erklären, warum weibliche Bildung Männern so viel Angst einflößt: Da Frauen schon weit länger lesen können, als es „Schönheitsoperationen“ gibt, haben die Hormone einen, wenn auch kleinen, Zusammenhang zwischen Intelligenz und Inkonsistenz ausgemacht. Das liegt vermutlich daran, dass in Zeiten der Schulpflicht Mädchen, die besonders unsportlich sind, mehr Gewicht darauf legen, in anderen Schulfächern zu reüssieren. Die Schläferhormone haben das registriert und ihre – wie ich finde, ungerechtfertigten und voreiligen – Schlüsse gezogen.

Für die Abneigung der Männer gegen Bildung und Intelligenz sind die Hormone dritter Ordnung verantwortlich. Doch wir dürfen uns auf keinen Fall von ihnen beeinflussen lassen und uns nicht in falscher Sicherheit wiegen. In einer Zeit,

- *in der Cup A schnell mal zu Cup DD geschummelt, gepuscht, gespritzt oder operiert wird;*
- *in der Unsummen in die Forschung investiert werden, um Damenunterwäsche zu entwickeln, dank derer man durch die Hosen oder den Rock nicht erkennen kann, dass hier nicht Schweiß hinter der Form steckt, sondern ein Korsett;*
- *in einer Zeit, in der das Vorgaukeln falscher Vorzüge die ohnehin defizitäre Gesamtsituation weiter schwächt, weil so auch noch die Durchblutung und Sauerstoffaufnahme behindert wird;*
- *in der wir also nichts und niemandem trauen dürfen;*

in dieser Zeit wäre es fatal, den Überreaktionen gestresster Hormone zu viel Gehör zu schenken. Wir wissen es deshalb in Zukunft besser. Uns reicht eine Wahrscheinlichkeit von 51 Prozent *nicht* aus, um den Hormonen reflexartig recht zu geben und gebildeten, intelligenten Frauen Inkonsistenz zu attestieren und ihnen einen Freifahrtschein für unser Bett auszustellen.

Die Waffen einer Frau

Ja, ihr merkt schon, es ist schon ein gerüttelt Maß an Einfallsreichtum gefragt, um herauszufinden, was wir wissen wollen. Seht doch einmal unauffällig nach, ob sich in ihrem Nachttischkästchen ein oder mehrere Dildos befinden? Das kann euch schon mal einen ersten Anhaltspunkt darüber geben, wie es bei ihr innen aussieht:

- *Ist ihr Spielzeug groß und lang, dann ist sie entweder selbst sehr gerade gebaut oder sie verfügt über keine sonderlich gute Konstitution, oder beides.*
- *Ist es hingegen eher klein und kurz, dann ist Vorsicht angesagt.*

Fehlanzeige? Wie wäre es, wenn ihr eurer Auserwählten Geschenke macht? Nein, keine Blumen. Das würde nur ihr Misstrauen wecken. Sie wird zunächst über den Gutschein für einen Dildo mehr wundern als freuen. Aber wenn ihr das gut verkauft, wird sie glauben, ihr wäret gar nicht so egoistisch, wie es immer schien. Es besteht allerdings das Risiko, dass sie aus Scham den für Männer eingerichteten Laden nicht betritt und deshalb den Gutschein nicht einlöst. Wenn, dann solltet ihr also einen Gutschein eines Erotikshops kaufen, in dem auch Frauen verkehren.

Oder ihr schenkt ihr das Probierset in allen Längen und Dicken. Ihre Vorlieben für das eine oder andere Modell gibt euch die sicherste Antwort auf die alles entscheidende Frage. Bevorzugt sie unter den dargebotenen Varianten die größte, dann könnt ihr fast sicher sein, dass sie sich eher in den Dildo verliebt als in euch.
Ist ihr Favorit unerwartet klein, solltet ihr trotzdem nicht gleich die Flinte ins Korn werfen. Denn es kann durchaus sein, dass deren Verwendung eine andere ist, als ihr vermutet. Es gibt zum Beispiel Modelle, die primär als Vibrator fungieren, um einen klitoralen Orgasmus herbeizuführen. Und es gibt noch andere Verwendungen, die ihr am besten selbst herausbekommt und die ebenfalls mehr mit Entspannung als mit Anspannung zu tun haben.

Der Grund dafür, dass Frauen trotz der Möglichkeit, sich den idealen Auslöser für muskuläre Orgasmen zu kaufen, immer noch Männer bevorzugen, sollte euch mittlerweile klar sein: Dildos machen nicht schwanger.

■ To feel or not to feel ...

Ich hoffe, ihr habt verstanden, auf welchem Minenfeld wir uns bewegen. Jederzeit können wir versehentlich etwas auslösen, von dessen Existenz wir zwar immer hörten, was wir aber aus Unsicherheit oder Bequemlichkeit ins Reich der Fabel abschoben. Oder wir sind aus Angst vor den möglichen Konsequenzen zu vorsichtig und werden Einsiedler.

Ja, für die meisten von euch ist es ungewohnt. Aber ihr müsst ihren Muskel spüren. Besser gesagt: Ihr müsst euch sicher sein, dass es an eurem Weibchen liegt, wenn ihr nichts spürt und nicht an euren eigenen gefühllosen und eigennützigen Bewegungen. „Rein, raus" funktionierte vielleicht vorgestern. Heute ist Feinfühligkeit gefragt; Feinfühligkeit, die wir uns mühsam aneignen müssen; Feinfühligkeit, die beim Weibchen hoch im Kurs steht; Feinfühligkeit, die wir nutzen, um sie klitoral zu befriedigen und gleichzeitig einen weiten Bogen um ihre muskuläre Lust zu machen. Trivial ist das Ganze auf keinen Fall.

Das Komplott, Teil 2

Wollen wir uns erfolgreich wehren, dann müssen wir *alle* Überraschungen kennen, die die Hormone für uns bereithalten. Deshalb müssen wir uns noch einmal der Matrix zuwenden. Denn die Voraussetzungen sind mittlerweile gelegt, um dieses frustrierende Thema abzuschließen.

■ Aus Orgasmus wird Liebe

Noch vor vergleichsweise wenigen zig Jahren war muskuläre Biegespannung die normalste Nebenwirkung kopulativer Intimität. Deshalb setzten die Hormone dritter Ordnung genau hier an. Sie bauten diesem Erlebnis einen „automatische Wiederholungswunsch" ein: einen ganz besonderen Orgasmus. Einen Orgasmus, der noch viel intensiver ist, als alle anderen und der darüber hinaus verliebt macht. Dieser Orgasmus stellt alles in den Schatten, was die Hormone sich bis dahin ausgedacht hatten. Schließlich sahen sie sich auch dem stärksten Feind gegenüber, mit dem sie es bis dato zu tun hatten: Dem Verstand und dem Egoismus der modernen Frau!

□ Krieg und Liebe

Vermutlich ist der Automatismus, dass aus einem muskulären Orgasmus Liebe wird, auch eine direkte Folge der unzähligen Kriegserfahrungen, denen die Hormone ausgesetzt waren.

Ich spüre euren ungläubigen Blick beim Lesen des letzten Satzes. Doch auch wenn dieser Zusammenhang auf den ersten Blick weit hergeholt scheint, wird ein Blick in die Geschichtsbücher euch eure Skepsis hoffentlich schnell nehmen. Als 1492 die neue Welt entdeckt wurde, zogen in der Folge unzählige spanische Männer westwärts, auf der Suche nach Ruhm und Reichtum. Sie überließen die Frauen in der Heimat weitestgehend sich selbst. Gold gab es in Spanien in den kommenden Jahren im Überfluss. Brot und Spieler hingegen waren Mangelware. Es herrschte eine Hungersnot. Nie zuvor hatten die Frauenklöster einen so hohen Zulauf.

Genau für solche Zeiten, in denen die Ressource Samen nicht unbegrenzt zur Verfügung stand, scheinen die Hormone schon in den Zeiten des Homo erectus gewisse Überlebenstechniken entwickelt zu haben, unter deren Einfluss wir noch heute stehen. Das eingangs beschriebene Beispiel der Zyklusgeber und -nehmer gehört genau hierher. Betritt also in Mangelzeiten, für die in aller Regel Krieg und Eroberung der Grund waren, wider alle Hoffnung doch einmal ein Männchen die Szene, bereit, sich zu paaren, dann darf dieser Wille zu Intimität kein singuläres Erlebnis bleiben. Zu groß ist das Risiko, dass es diesen Monat trotz allem nicht klappt und in vier Wochen die hektische Suche nach Samenzellen von vorne beginnt.

Der nächtliche Begleiter muss gebunden werden! Als Minimalziel verliebt sich das Weibchen infolge des Orgasmus und tut nun alles, um das Männchen am Weiterziehen zu hindern: Sie kocht für ihn, wäscht seine Wäsche, schrubbt ihm den Rücken; ja sie sorgt sich sogar um seinen Orgasmus und ist offen für eine Vielzahl von Stellungen und Praktiken, an die sie nicht einmal in ihren abgefahrensten Albträumen denkt, nur um ihn bei der Stange zu halten. Es wird jede noch so kleine Gelegenheit genutzt, um dem Männchen für den Fall, dass es sich trennen wollte, ein schlechtes Gewissen einzuimpfen.

In nicht wenigen Fällen weiß sie zwar, dass ein längerfristiges Zusammenbleiben mangels Passung über kurz oder lang das Leben mindestens eines von beiden aufs Spiel setzt. Sie ist deshalb mit jedem Tag gereizter. Doch mit jedem Teller den sie wirft, jedem spitzen Wort des Vorwurfs, tut sie trotzdem mehr, um die bestehenden Fliehkräfte zu kompensieren. Sie kann nicht anders. Ihre größte Hoffnung ist jetzt ein Kind. Denn dieses würde alle Beziehungsprobleme lösen.

Mit der Liebe nehmen die Hormone ein wichtiges Etappenziel auf dem Weg zur Fruchtbarkeit:

- *Ein verliebte Frau will Sex, aktiv und selbst initiiert, wenn möglich täglich und nicht nur auf Drängen des Partners einmal im Monat.*
- *Sie kümmert sich weniger um Verhütung, im Glauben, dass schon nichts passieren wird.*
- *Frau sieht den Mann rosiger, als er tatsächlich ist. Die Wahrscheinlichkeit, dass sie ihn langfristig erträgt ist jetzt höher.*
- *Ja, und am Ende schwingt sie in das Ziel der Hormone nach neuem Lebensraum ein.*

□ Schuld und Zuweisung

Je mehr der Mann in der Neuzeit verdiente und in der Lage war, allein den Unterhalt für die ganze Familie zu bestreiten, desto seltener musste die Frau mit raus auf die Felder. Damit neigten sich auch die Zeiten, in denen sie und ihr Beckenboden fit waren wie ein Turnschuh, ihrem Ende entgegen. Ihre Muskulatur verkümmerte und der muskuläre Orgasmus verkam zu einem Märchen.

Frau nahm diese Veränderung der Lebensumstände zuerst einmal positiv auf und konzentrierte sich auf die Aufzucht oder häusliche Arbeit. Heute sitzen defizitäre Beckenböden immer öfter an den Schreibtischen der Redaktion von Frauen- oder Männerzeitschriften und setzen dumme Artikel in die Welt. Sie propagieren den klitoralen Orgasmus und treten dafür ein, diesen eigenhändig oder unter Frauen herbeizuführen. Wozu sich mit Männern abgeben, die ohnehin nur an sich denken und sich mit einen Phantom (muskulärer Orgasmus) beschäftigen. Einem Phantom, das der Frau de facto keinerlei Vorteile bringt!

Sie frustrieren und verwirren so seit Jahrzehnten unzählige Frauen, Männer und Hormone. Letztere waren lange nur geschockt staunende Beobachter, unfähig zu reagieren. Diese Entwicklung zog dramatische Auswirkungen nach sich. Vernunftehen, bei denen frau sich zuerst für seinen Geldbeutel entschied und dann trotzdem verliebte, weil sie ja aus Dankbarkeit mindestens ein Mal mit ihm schlief, finden keine Basis mehr. Denn der Vernunftakt führt nicht mehr automatisch zur Verliebtheit. Das Ausbleiben postkopulativer Liebe endet immer häufiger in kostspieligen Scheidungen.

Aber nicht genug damit. Die Frage kam auf, wer denn nun Schuld habe daran, dass frau keinen muskulären Orgasmus mehr bekommen könne? Es dauerte nicht lange, bis der Übeltäter identifiziert war: der Mann. In Zeiten, in denen frau von der Not gedrungen alle Arten von Dildos ausprobiert, in der Hoffnung dieses sagenumwobene Gefühl herbeizuführen, beginnt sie zu ahnen, dass Größe (mittlerweile) eine Rolle spielt: Immer öfter reduziert *sie* ihren Begleiter deshalb auf eine einzige Eigenschaft.

Ob er intelligent ist oder nicht, gut im Haushalt, erfolgreich im Beruf, liebevoll im Bett und zu den Kindern – all das zählt zunehmend weniger. Und da der Mann nun mal der Urgrund allen Übels ist, verlangt sie von ihm postwendend auch die Lösung des Problems. Er soll verdammt nochmal irgendetwas tun, um den Urzustand wiederherzustellen. Männer werden seitdem grundlos unter Druck gesetzt und in vielen Fällen sogar impotent. In Zeiten des Internet leben deshalb mehr und mehr Männer und Frauen ihre Lust ohne lebendiges Gegenüber aus.

Diese monokausale Argumentation ist auch die Ursache für Fluten an Spam-Mails, die jeden Tag meinen Posteingang füllen und mich auffordern, meinen Muskel zu vergrößern, mit dem Verkaufsargument, dass ich damit nie wieder ein Problem mit Frauen haben würde. Dreimal dürft ihr raten, wer solche Botschaften in noch größerer Anzahl als Samenzellen verteilt?

Noch gestern hätte ich den Frauen ihre voreiligen Schlüsse vorgeworfen. Heute ist die Verärgerung der Erleichterung gewichen! Die Erkenntnis, dass auch in Zukunft frau mit dem Finger auf andere zeigt, wirkt extrem beruhigend. Denn so wird sie nichts tun, um die tatsächlichen Ursachen zu beseitigen. Ich habe keinen Grund, diese Situation zu ändern. Vielmehr werde ich sie für meine Zwecke ausnutzen!

Doch zurück in die Gegenwart. Diese gesamte Entwicklung führte dazu, dass der weibliche muskuläre Orgasmus ins Reich der Legende abrutschte, so wie heute auch niemand mehr weiß, wie die Ägypter die Pyramiden bauen konnten. *Dass* die Pyramiden gebaut werden konnten, daran ist nicht zu zweifeln, denn wir können uns im Internet mittels Web-Cam jeden Tag von deren Existenz überzeugen. Manche Experten, allen voran ein berühmter Schweizer, lösen das Problem, dass keiner so genau weiß, wie genau die Ägypter dieses Wunder hinbekommen haben, indem sie behaupten, Außerirdische hätten die Pyramiden gebaut.

Ein Orgasmus ist jedoch keine Pyramide. Nicht einmal eine Statue oder ein Bild. Wie Musik existiert er immer nur im Augenblick. Keiner kann Musik beweisen, es sei denn, er hört sie. Ebenso kann keiner den muskulären Orgasmus beweisen. Sogar eine Web-Cam würde uns aufgrund der Kunstform der erotischen Schauspielerei nicht weiterhelfen.

Bei jedem Erleben gibt es also immer nur eine einzige Frau auf der ganzen Welt, die zweifelsfrei sagen kann: „Dieser muskuläre Orgasmus existierte tatsächlich!“ Die wenigen, die auch heute noch in seinen Genuss kommen, wissen es zu verschweigen. Denn auch *diese* Glücklichen machen nicht sich selbst und die eigene hervorragende muskuläre Konstitution für ihr Glück verantwortlich, sondern ihren Bettgenossen. Zutiefst geprägt von den täglichen Hiobsbotschaften, leben sie in der ständigen Angst, eine andere Frau könnte ihr den Zauberer streitig machen.

Dieses Nicht-hergeben-Wollen und die Angst, sich den auf der Suche nach Lust Umherirrenden anschließen zu müssen, ist nichts anderes als … hormonelle Liebe! Würde die angstvoll Glückliche trotzdem einmal den Partner, wechseln, wäre die Verwunderung sicherlich groß. Theoretisch! Hier sind wir nämlich bei einem Thema angelangt, das ich auf später verschieben muss: *Sex and Brain!* Und mit Brain ist in diesem Fall nicht ihre Intelligenz gemeint.

Ja, frau hat einen Schalter in ihrem Kopf (dieses Mal ist es tatsächlich ein Schalter, nur dass er nicht dort ist, wo die meisten Männer ihn vermuten). Nur wenn *er* es schafft, dass *sie* diesen Schalter umlegt und guten Sex *erwartet*, wird sie ihn auch zulassen und erleben. Dieser Schalter ist die Erfindung des weiblichen Verstandes gegen die infame

Matritzifizierung durch die Hormone. Das Vorspiel beginnt also in ihrem Kopf, am Tresen oder schon Wochen vorher.

□ **Wie passt die unerfüllte Liebe in dieses Konzept?**

Immer wieder höre ich: Du kannst doch nicht Verliebtheit so gefühllos mechanistisch „erklären" und allein den Hormonen die Schuld geben! Es wird dabei vergessen, dass dies nicht meine Erfindung war. Ich selbst erfuhr davon aus der Presse.

Es wird ein Argument ins Feld geführt, das belegen soll, dass Liebe mehr ist als das infame Spiel der Hormone: die unerfüllte Liebe, die Liebe einer Frau zu einem Mann, mit dem sie nie die Laken geteilt und der sie nie zum Dach der Welt geführt hat. Was ist also mit Liebeskummer und dergleichen Phänomenen? Solche Verliebtheit bewirkt doch genau das Gegenteil hochfrequenter Bettaktivitäten, von Nachkommen ganz zu schweigen! Liebeskummer minimiert sogar die Chance, befruchtet zu werden, denn frau ist in diesem Gemütszustand nicht offen für potente Samenspender und lässt eine Unzahl von Gelegenheiten verstreichen. Das, so führen die Gegner hormoneller Liebe ins Feld, zeigt doch eindeutig: Liebe ist mehr als Hormone!

Gut gebrüllt, Löwin! Ja, hormonelle Verliebtheit kann tatsächlich auf zweierlei Weise ausgelöst werden:

- *Frau kann guten Sex haben, ohne verliebt sein, und zack: sie verliebt sich.*
- *Und dann kann frau sich verlieben, ohne je mit dem „Auserwählten" intim geworden zu sein.*

Denen, die bis hierhin aufmerksam gelesen haben, kann ich dieses Phänomen erklären. Die zweite Art der Verliebtheit ist nichts anderes als der verzweifelte Versuch der Hormone, in Zeiten des aussterbenden muskulären Orgasmus doch noch ein Männchen dauerhaft zu binden. Die Hormone versuchen, den für ihre Verhältnisse überraschend eingetretenen Mangelzustand (no muscular orgasm) auszugleichen, indem die Verliebtheit vom muskulären Orgasmus *los*- und unabhängig von diesem *aus*gelöst wird. Verliebtheit als hormonelle Verzweiflungstat. Zum Leidwesen der unglücklich verliebten Frauen sind hier die Mechanismen noch nicht wirklich ausgereift.

Dieses Phänomen hat auch im Tierreich für reichlich Verwirrung gesorgt – von der Verwirrung der Wissenschaftler, die das alles erklären sollten, einmal ganz abgesehen:
Infolge der Haustierhaltung, in der die Tiere jeden Tag ihr Futter bekommen und nicht mehr um ihr Leben kämpfen müssen, sind in ähnlicher Weise viele Haustiere muskulär und mental degradiert. Es will sich auch bei ihnen immer seltener ein animalischer Orgasmus einstellen. Da verlieben sich dann schon mal Enten in Gummistiefel oder Pfaue in Traktoren.

Ja, hormonelle Kurzschlussreaktionen sind unangenehm. Doch wenn man bedenkt, dass der Zeithorizont, vor dem Mutter Hormon tätig wird, Jahrtausende zählt, ist mehr als verständlich, dass nach nur wenigen Jahren moderner Gesellschaft ausgereifte Anpassungen noch nicht fehlerfrei zur Verfügung stehen.

*

Wie dem auch sei: Für die grundlose Liebe einer Frau können wir Männer nichts. Schuldgefühle sind nicht angebracht. Das bezeugt auch die aktuelle Rechtsprechung: Die negativen Auswirkungen der Stalkerhormone (= Hormon 4. Grades), die bewirken, dass Menschen sich grundlos einem anderen derart verbunden fühlen, dass sie diesen mit Nachrichten und Anwesenheit bombardieren, kann sogar gerichtlich unterbunden werden.

□ Selbstlose Formen der Liebe

Da meine Aussagen zur Entstehung von Liebe von meinen Testlesern immer wieder einmal missverständlich gedeutet wurden, will ich noch einmal ausdrücklich unterscheiden:

Schon immer bestand eine der abgefeimtesten Formen der Manipulation darin, eine Lüge in viel Wahrheit zu verpacken. Die Tatsache, dass die Hormone es geschafft haben, Liebe zu fälschen, darf zu Recht als Meisterleistung betrachtet werden. Wie andere moderne Parallelen auch ist hier die Fälschung dem Original recht ähnlich, aber viel intensiver. So intensiv, dass wir noch eine Portion Pommes essen, obwohl wir schon längst satt sind. Alle Arten von Liebe, die aus einem Orgasmus – und sei es einem erhofften – entstehen, und alle Arten, die ihren Grund in einem Mangel haben, zeichnen sich durch Egoismus, Neid, Misstrauen, Eifersucht und dergleichen aus. Nur allzu oft sind die Betroffenen in einer Matrix gefangen, die zu träge ist, um mit der modernen Welt Schritt zu halten.

Ich streite mit dieser Beschreibung nicht ab, dass es noch ganz andere Formen der Liebe gibt, die nichts mit Egoismus zu tun haben, nichts damit, den Geliebten zu fesseln. Denn zur Existenz einer Kopie, und sei es einer intensiven, gehört das Original: Die Nächstenliebe wäre hier zu nennen. Auch Sex 2.0 könnte ein Weg sein, zurück zur Liebe ohne Geschmacksverstärker. Ich werde ihn euch in wenigen Augenblicken kurz vorstellen. Doch müssen wir auch hier vorsichtig sein. Umsicht und Vorwissen ist nötig, damit wir nicht gleich den Hormonen, die im *anderen* Straßengraben auf uns lauern, in die Arme laufen. Aber ich greife vor.

■ Lügen, nichts als Lügen

Nachdem wir ein erstes Verständnis der Rahmenbedingungen des weiblichen Orgasmus gewonnen haben – wer hätte gedacht, dass Nashörner und Blasenschwäche unsere Lehrer sind –, müssen wir tiefer in die Geheimnisse des muskulären Orgasmus eindringen. Hierzu wenden wir uns kurz unseren Kauwerkzeugen zu.

□ Spannungsabfall

Ratet einmal, wann eure Beißerchen die höchste Kaukraft aufzubringen in der Lage sind? Genau! Es ist dann, wenn das Gebiss geschlossen ist. Wenn nur noch ein Reiskorn zwischen die Zähne passt und dieses zermalmt werden soll.

Damit Manager, Mütter, Väter oder Geliebte es des Nachts unterlassen, mit den Zähnen zu knirschen – sie tun dies nicht, weil sie wie Obelix vom Essen träumen, sondern weil sie gestresst sind –, verschreiben ihnen die Zahnärzte eine Zahnschiene, ähnlich der, die Boxer oder Basketballer während des Spiels tragen.

Beim Sportler verhindert die Schiene, dass die Zähne durch frontales gegnerisches Einwirken leiden oder verloren gehen. Beim Schlafenden spreizt die Schiene die Kaumuskulatur über *den* Winkel hinaus, der für das kraftvolle Zusammenpressen nötig ist. Schon wenige Millimeter reichen aus. Spannung kann *nicht* aufgebaut werden, die Zähne nutzen sich weniger ab, das Stresslevel sinkt, wir schlafen tiefer.

Ich höre es in eurem Gehirngetriebe rattern. Wir wollten doch ihr Piezoelement entspannen und so ihre Säge verstummen lassen! Ja, genau um diese Frage soll es mir auf den folgenden Seiten gehen: „Wie können wir ihren Beckenboden entspannen?“ Und wir haben Glück: ähnlich den Kauwerkzeugen kann auch die Beckenbodenmuskulatur dann die größte Spannung aufbringen, wenn die Besitzerin die Beine geschlossen hält.

□ Die Missionarsstellung

Es klingt schon fast zynisch, dass die Missionare im Versuch, die Ungläubigen mit der Liebe Gottes bekannt zu machen, eine Stellung propagierten, die wie wenige andere in der Lage ist, zu verhindern, dass die Frauen sich in ihre Männer verlieben. Wären ihnen die wissenschaftlichen Studien bekannt gewesen, denen wir heute jeden Tag auf Yahoo und in der *Cosmopolitan* ausgeliefert sind, hätten sie die Missionarsstellung nicht nur nicht verpflichtend gemacht. Sie hätten sie verboten. Natürlich nur, wenn es keine anderen wichtigen Argumente gab. Vielleicht lag ja auch genau hier der Ursprung dieses Mythos? Vielleicht sollten sich die Frauen ja gar nicht verlieben! Vielleicht waren die Frauen in den Missionsgebieten ja nur untreu und die Missionare wollten in einem ersten Schritt den Gewissenskonflikt lösen, den sie mit der Verkündung von Treue und der Unauflöslichkeit der Ehe auslösten. Vielleicht wollten sie also nur verhindern, dass sich die Frauen beim Fremdgehen *auch noch* verliebten!

Wie dem auch sei: Manchmal haben Gesetze auch einen Sinn, ohne dass wir diesen verstehen müssen. In Washington D.C. ist per Dekret ausschließlich die Missionarsstellung erlaubt. Was vorgestern noch antiquiert klang, ist heute schon wieder hochmodern. Und die Bürgerinitiativen, die seit Jahrzehnten für das Recht kämpfen, mit den Stammtischkollegen und den besten Freundinnen über „moderne" Stellungen parlieren zu dürfen, rollen hoffentlich bald ihre Transparente ein. Denn es gibt nur wenige Stellungen, die so sicher einem weiblichen muskulären Orgasmus vorbeugen, wie die Missionarsstellung.

Eben trifft die Eilmeldung ein, dass die Missionarsstellung es dieses Jahr wieder auf Platz zwei der beliebtesten Stellungen der Männer geschafft hat!
Im Grunde ist es eine gute Nachricht. Traurig nur, dass sie mir immer noch in dem Kontext mitgeteilt wird, dass es Aufgabe des Mannes sei, alles nur Erdenkliche für ihre „heftige Erregung“ zu tun.

□ **Learn from the Best!**
Dass die Missionarsstellung sich gerade in der Erotikbranche höchster Beliebtheit erfreut, liegt nicht daran, dass die Produzenten alles tun, um die Kirche versöhnlicher zu stimmen. Nein, diese Stellung erlaubt es den Akteuren, Berufliches von Privatem zu trennen: Wenn die Schauspielerin die Beine spreizt, damit der Kunde Voyeur etwas sehen kann, nimmt sie sich gleichzeitig die Möglichkeit, versehentlich in die Nähe eigener Lust zu kommen. Und das ist gut so, denn nichts läge weniger in ihrem Interesse, als sich zu verlieben.
Deshalb werden auch viele filmische Szenen nachsynchronisiert, denn zu schnell tropft Lustlosigkeit durch die Audiospur.

*

Liebe Kollegen! Ich ahne, wie euch mit dieser Nachricht endgültig Schwere befällt und es tut mir aufrichtig leid, wenn mit diesen Zeilen 99 Prozent eurer Lieblingspornos ihren Reiz verlieren. So viele filmische Szenen, die euch bisher als Inspiration dienten und denen ihr bereitwillig Glauben schenktet.
Ihr wart der Meinung, die Lust eures Starlets sei nicht gespielt. Und wenn doch, dann ergehe es ihr nicht besser als so vielen anderen

Frauen, denen es aus unerklärlichen Gründen verwehrt ist, auch nur ein einziges Mal diese höchste Form der Lust zu genießen. Und jetzt hört ihr mich sagen, dass sie mit hoher Wahrscheinlichkeit doppeltes Spiel spielt: *Sie gaukelt vor, was sie bewusst verhindert.*

□ **Liebe am Set**

Einige von euch werden sicher einwenden: Am Set ist es doch egal, ob *sie* geil ist und kommt oder nicht. Wichtig ist doch nur, dass der männliche Schauspieler *nicht* kommt. Denn er soll so lange wie möglich einsatzbereit bleiben.

Nein, ganz so eingleisig ist es auch am Set nicht. Zum einen wird sein Schwellkörper natürlich weit mehr stimuliert, wenn dessen Gegenüber spannungsgeladen ist. Denn auf die Dauer helfen dann auch anästhetische Cremes nur wenig. Zum anderen steigt mit seiner Größe auch die Stimulation durch Gegenspannung.

Damit ich euch auch mal eine gute Nachricht überbringen darf:

- *Die Tatsache, dass die männlichen Spieler am Set stets größer gebaut sind, liegt* nicht *darin begründet, dass die filmische Standardgröße auch die statistische Normalgröße ist.*
- *Auch* nicht *darin, dass möglicherweise zuschauende Frauen das gute Stück besser sehen können.*
- *Auch sollen bei den männlichen Zuschauern* keine *Minderwertigkeitskomplexe auslöst werden oder gar eine erhöhte Nachfrage nach Vergrößerungsoperationen.*
- *Und wie wir nun wissen, liegt last but not least der Grund für die dargebotene Größe* auf keinen Fall darin, *dass die Spielerin besseren Sex hat. Im Gegenteil. Sie würde alles dafür geben, dass er kleiner gebaut wäre.*

Zugegeben, im Gegensatz zu den weiblichen gehen die männlichen Darsteller am Set weitaus häufiger nicht einer Arbeit, sondern ihrem Hobby nach. Doch leider hat, wer willens und in der Lage ist, es vor einer Kamera zu treiben und dabei auch noch über Stunden erigiert bleibt, statistisch gesehen, mehr Testosteron im Blut und mehr in der Hose. Darüber hinaus kommt während des gesamten Arbeitstages weniger Sauerstoff im Kopf an. Die Schauspielerin hat also mehr Gründe als andere Berufstätige, sich nicht auch noch bei der Arbeit zu verlieben.

Minderwertigkeitskomplexe gegenüber den Profis sind also nicht angebracht. Im Gegenteil, mit dem heutigen Tag wandelt sich eure Not in eine Tugend.

*

Doch zurück zu unserer Schauspielerin: Nähme sie die richtigen Positionen ein, würde sie sich innerhalb kürzester Zeit und nach fünf bis zehn Orgasmen kaum mehr auf den Beinen halten können und erschöpft die weiße Fahne schwenken. Denn aufgrund ihres Jobs, der darin besteht, stundenlang in unmöglichen, körperlich anstrengenden Stellungen auszuharren, akrobatische Bewegungen auszuüben und dabei noch keuchende Laute von sich zu geben, ist sie innerhalb weniger Wochen voll durchtrainiert. Die Gefahr, einen muskulären GAU zu erleben, steigt mit jedem Stoß.

Damit steigt auch das Risiko, sich in den Kollegen am Set zu verlieben. Daran hat die Spielerin aus den genannten Gründen nun gar kein Interesse. Da verliebt sie sich lieber in ihre Hand, einen Dildo, den Kameramann oder ihren Manager. „Beine breit", so viel ist sicher, ist eines der besten Mittel, den Beckenboden zu entspannen, während alle anderen Körperregionen Spitzensport betreiben müssen.

Ich darf euch deshalb ermutigend zurufen, dass uns auch weiterhin alles, was wir in Film und Fernsehen dargeboten bekommen, Inspiration sein kann. Pornos sind und bleiben was sie waren: Schulungsmaterial. Auch unter den geänderten Erwartungen. Sie lehren uns, wie wir weiblicher Lust großräumig aus dem Weg gehen! Hier zeigen uns die Profis, wie Sex ohne Liebe funktionieren kann.

Immer dann, wenn es für den Voyeur uninteressant wird und klar ist, dass die Schauspielerin keine Rücksicht auf die Kamera nimmt, ahnen wir: Hier verstößt sie gerade gegen alle Prinzipien. Ihr Kollege wird beim nächsten Film nur noch mit ihr zusammen spielen dürfen. Dies ist der Anfang vom sicheren Ende ihrer Karriere!

Sex im Wandel der Zeit

■ Frust

Ich ahne, wie euch mit jedem meiner Worte größere Enttäuschung ins Gesicht geschrieben steht. Ihr wolltet doch nur wissen, wie ihr auch in Zukunft ganz entspannten Sex haben könnt. Statt dessen fordere ich euch auf, euch Gedanken über Hormone zu machen und diese zu klassifizieren. Darüber hinaus artet das Ganze auch noch in anatomische Forschungen mittels Nachdenken und Beobachten aus. Und als wäre das nicht schon genug, werft ihr, was ihr über Jahre gesammelt habt, mit blutendem Herzen in den Mülleimer. Denn wer will schon wissentlich Lügen im Schrank oder auf der Festplatte anhäufen?

Kollegen, ich kann nichts dafür, bei mir müsst ihr euch nicht beschweren. Ich bin weder das Ur-Hormon, das sich das Ganze ausgedacht hat, noch habe ich euch versprochen, dass es leicht wird. Hoffnungslos ist es auf alle Fälle nicht. Natürlich hätte ich einfach einen Fachartikel in die Welt setzen können, dessen Inhalt man wie folgt zusammenfassen könnte: „Es wurde aufgrund logischer Überlegungen herausgefunden, dass die Vagina gebogen werden muss." Alle Gynäkologen, die dadurch ihre Kompetenz in Frage gestellt sähen, hätten nach einem kurzen Blick in die Anatomiebücher erwidert, dass dies bereits bekannt sei. Außerdem, so hätten sie hinzugefügt, sei ich kein Humanmediziner oder kompetenter Wissenschaftler und man könne meinen Aussagen sowieso nicht vertrauen.

*

Freunde: ich bin doch nur der Überbringer einer Botschaft. Und ich bin auch nicht der Meinung, dass früher alles heile Welt war. Im Gegenteil – viele von uns können mit dem heutigen Tag aufatmen. Denn vor dem Lesen dieses Buches hätte euch die wie ein Mantra wiederholte Aussage, dass wir Männer für den Orgasmus der Frau verantwortlich sind, dieser gar nicht existiert und wir deshalb alles dafür tun müssen, dass *sie* erschöpft auf dem Nanga Parbat zusammenbricht, stark verunsichert. Heute wissen wir: *Männer sind nicht immer an allem schuld und nicht für alles verantwortlich.*

■ Sex 1.0

Jede Zeit hat ihre eigenen Herausforderungen, denen wir uns stellen müssen. Es wäre überraschend, wenn unser Sexualleben davon verschont bliebe! Betrachten wir deshalb noch einmal das Ganze in seinem geschichtlichen und evolutionären Kontext!

Der Sex erster Ordnung, bei dem jede/r den vor sich liegenden, sitzenden oder knienden Menschen als Mittel zur eigenen Lust benutzt, befindet sich schon seit etlichen Jahren auf dem Weg ins evolutionäre Abseits. Die Hasen praktizieren ihn immer noch. Die Alphatiere unten den Pavianen nutzen ihn, um ungehorsame und aufmüpfige Familienmitglieder zu maßregeln und in die Schranken zu weisen.
Auch der zwei Zentner schwere Doggenrüde, der einen anderen Hund, egal welchen Geschlechts, *von vorne* besteigt und ihm sein erigiertes Glied ins Gesicht drückt, hat ausschließlich Dominanz im Sinn.
Sie alle folgen gehorsam einem Trieb, den sie von ihren Urahnen geerbt haben. Denn von jeher ging es ausschließlich darum, dass das Weibchen neuen Lebensraum für die Hormone zur Welt bringt. Die „Natur" fragt da nicht wirklich nach den privaten Interessen der Beteiligten.

Da das Männchen bei alledem nur von Genen, aber nichts von den Hormonen weiß, folgt es immer schön brav den inneren Vorgaben. Das Weibchen wiederum sah angesichts der Tatsache, dass er in der Lage ist, diesen Zielen körperlichen Nachdruck zu verleihen, schon früh ein, dass es das Beste für alle Beteiligten ist, wenn er so früh wie möglich befriedet ist. Die „Selbstlosigkeit", mit der sich das Weibchen also bisweilen um die Lust des Männchens kümmert, könnte unbewusst trotzdem allein dem Egoismus entspringen: Sie will ihre liebe Ruh! Deshalb tue ich mich schwer, hier voreilig die Nachkommastelle zu erhöhen, und bleibe bei der Note 1.0.

□ Sex 1.5

Ein Vorspiel, bei dem auch das Männchen seinem Gegenüber ein Mindestmaß an Spaß im Schritt einräumt, ist evolutionär gesehen ein riesiger. Darüber, was genau der Grund für diese Entwicklung ist, kann ich auch diesmal nur Vermutungen anstellen. Die wichtigste Veränderung über die Jahrmillionen ist, dass sich das Menschenweibchen irgendwann sein Gespiel aussuchen und unter Dutzenden williger Samenspender wählen konnte. Warum also nicht *das* Männchen mit nach Hause nehmen, das ihr nicht nur schiere Dominanz verspricht, sondern darüber hinaus auch noch ein wenig Einfühlsamkeit?

Der klitorale Orgasmus begann sich zu verselbstständigen. Er findet nicht mehr nur simultan zum muskulären Orgasmus oder als dessen Unterstützung, Vorbereitung oder Alternative statt, sondern führt mehr und mehr ein Eigenleben. Er ist heute ein Etappenziel, das sicherstellt, dass auch die Frau hie und da die Illusion bekommt, es gehe um sie. Er mündete ins Vorspiel.

Für mich trägt dies alles trotzdem noch die „1“ am Anfang. Ganz einfach, weil nicht immer klar ist, ob sich das Männchen tatsächlich um sein Weibchen kümmert oder ob es auch jetzt noch um sein Ego geht, wenn sie begeistert ist. Begeistert, weil die Hungernde schon bei jedem Brotkrumen, der unter den Tisch fällt, jubelt.

■ Sex 2.0

Unabhängig davon, aber parallel dazu verkümmerte die Fähigkeit der Frau, muskulär Lust zu empfinden. Die reine Tatsache, dass einer in sie eindrang, hatte nicht mehr automatisch zur Folge, dass ihr dies genug Besinnungslosigkeit verschaffte, um das Ganze zu genießen. Chaos und Verwirrung machten sich in den Betten breit. Dies hat wie bereits beschrieben eine Reihe negativer Auswirkungen auf unser männliches Leben: Überzogene Anforderungen und Vorwürfe in Verbindung mit nie da gewesenem Konkurrenzdruck ließen viele impotent werden.

Die Kenntnis der wahren Hintergründe fehlender weiblicher Lust ermöglicht wenigstens in Zukunft eine befreiende Distanzierung von den falschen Anschuldigungen und Erwartungen. Überraschenderweise hatte das Aussterben des muskulären Orgasmus auch positive Auswirkungen. Zu allererst muss betont werden, dass wir durch das Ausbleiben des muskulären Orgasmus überhaupt zum ersten Mal erfuhren, dass es auch andere Formen der „heftigen Erregung" gibt. Und wir lernen darüber hinaus, dass eine Entkoppelung unserer eigenen und ihrer Erregung möglich ist, da beide einem komplett anderen Aktivierungsmuster folgen. Ja, heute wissen wir sogar, dass sich die verschiedenen anderen Formen weiblicher Erregungen, von denen wir *noch* weniger wussten, entkoppeln lassen.

Damit eröffnet sich uns ein Weg, auf dem wir Männer einerseits teilhaben können an der endlosen Lust der Frauen und andererseits nicht jeder intime Akt immer gleich in Handschellen endet. Um diesen Weg zu beschreiten, müssen wir darüber Bescheid wissen,

- *welche Arten von Orgasmus es gibt;*
- *wie diese jeweils hervorgerufen werden;*
- *wie wir die ungewollten Arten gezielt vermeiden können.*

Bisher habe ich euch nur mit den zwei bekanntesten Formen von Orgasmus vertraut gemacht. Das hatte seinen Grund. Beide Arten können von der Frau ohne freundliche Mithilfe ihres Bettgesellen ausgelöst werden, bevor, während oder nachdem er sich an ihr zu schaffen macht(e). Oder rein durch seine physische Konstitution in Verbindung mit ihrer Fitness. Das Nashorn klärte uns auf.
Bei dem, was ich euch jetzt zu erklären versuche, sieht das alles ganz anders aus. Doch zuvor müssen wir uns für eine kurze Weile erneut den wilden Tieren zuwenden. Diesmal soll der Wolf unser Lehrer sein.

□ Wolfsliebe

Hundebesitzer kamen vielleicht schon einmal in den zweifelhaften Genuss, Zeuge zu sein, wenn Hündin und Rüde nach dem Akt nicht mehr so leicht zu trennen sind. Anders ausgedrückt: Er steckt fest. Man nennt dies in der Fachsprache das „Hängen".

Eine einfache Erklärung hierfür durfte ich in einer Tierdoku über Wölfe erfahren: Der Wolfsrüde hat dort, wo beim Mann die Eichel ist, einen weiteren Schwellkörper. Ist er einmal eingedrungen, dann schwillt das Ende so stark an, dass an sofortige Trennung nicht zu denken ist. Es ist ähnlich wie beim Schimpansen, der seine Hand durch ein Loch steckt und eine Banane ergreift. Hat er diese erst einmal in der Hand, kann er sie nicht mehr zurückziehen, denn die Banane wird auf keinen Fall losgelassen.
Zoologen vermuten hinter der Entwicklung des Schwellkörpers den Willen der Natur, kein Tropfen Samen möge je zu Boden fallen. Hat die Hündin also Sex und der Rüde einen Erguss, dann wird das Männchen gemolken, bis kein Tropfen mehr in ihm steckt. Das kann dann schon mal 30 Minuten dauern! Und das, obwohl am Ende nur eine einzige Samenzelle benötigt wird? Wofür braucht sie diesen Vorrat?

Als weiterer Grund wird angeführt, das Männchen werde an die Hündin gefesselt, damit kein anderer sich an ihr vergehen könne. Der Rüde will demnach ganz einfach seinen Alphagenen eine Stunde Vorsprung verschaffen. Welcher Leitwolf, so frage ich mich, zeigt so offen sein Misstrauen gegenüber seinen Rudeluntertanen und seine Angst vor Verrat, dass er den siamesischen Kurschatten spielt, bis sie trächtig ist? Das Ende seiner Herrschaft wäre bereits besiegelt. Wer's glaubt! Ich halte die beiden genannten Thesen für völligen Quatsch.

*

Doch wenden wir uns doch einmal der *Lebensform* des Wolfes zu. Es ist das Rudel. Nur das Alpha-Tier, das stärkste und aggressivste Tier im Verbund hat das alleinige Recht auf Verkehr. In der Regel ist seine Gespielin die ranghöchste Wölfin. Und die hat er von seinem Vorgänger geerbt.

Wenn ihr verstanden habt, was ich euch zum Thema „Kompatibilität" erklärt habe, dann ahnt ihr vielleicht, worauf ich hinaus will: Es ist nicht unbedingt wahrscheinlich, dass die Alphadame automatisch die kompatibelste Geschlechtsgenossin des neuen Alphaherren ist. Orgasmen und Lust allein aufgrund der rhythmischen Anwesenheit des männlichen Teils sind nicht sehr wahrscheinlich.

Da die Wölfin keinen Grund hat, ihn gewähren zu lassen, bringt sie ihn unter Zeitdruck. Das Männchen jedoch spürt sein Weibchen so gut wie gar nicht und soll doch so schnell wie möglich kommen? Was bei uns Menschen mittlerweile als Krankheit angesehen wird, war bei den Wölfen plötzlich elementar, um den Fortbestand der Art zu sichern. Er musste so schnell kommen, wie möglich.

Habt ihr verstanden? Der Wölfin fehlt ganz einfach die Motivation, das Ganze über sich ergehen zu lassen. Denn sie wird weder klitoral noch sonst irgendwie stimuliert! Nada! Und die Duldungsstarre gibt es vielleicht bei den Schweinen, aber nicht bei den Wölfen. Diese Situation konnte unversehens zum Aussterben einer ganzen Art führen. Die Hormone mussten also schnell reagieren. Das erste, was ihnen in den Sinn kam, war, die beiden so lange aneinander zu fesseln, bis *er* gekommen wäre. In der Zwischenzeit konnten sie sich hoffentlich etwas Neues ausdenken.

Durch diese Fesselung war zwar etwas Zeit gewonnen. Doch nun musste ein anderes Problem gelöst werden. Unter Schmerzen erklingt einfach kein Lied und die Wölfin hat keine Lust, ihm etwas vorzuspielen. Selbst Pfote anlegen? Unmöglich, hier geht es ihr nicht besser als dem Nashorn. Und selbst wenn sie auf einem Vorderlauf stehen könnte, würde schon der kleinste Versuch, sich selbst zu befriedigen, im Schmerz erstickt. Denn sie ist keine Katze und kann ihre Krallen nicht einziehen.

Werden die Hormone rechtzeitig eine Lösung finden, bevor die Situation außer Kontrolle gerät?

*

Doch noch einmal zurück zur Anatomie. Ihr könnt euch den Schwellkörper ungefähr wie eine Mutter vorstellen, die auf eine Schraube gedreht wird, damit eine Verbindung sich nicht löst. Die meiste Kraft wird dabei durch Druck in Richtung der Schraube ausgeübt. Keine Reibung (klitoral), keine Biegung (muskulär), sondern Druck durch Zug.

Das Alphatier wird nun *nicht* versuchen, sich mit aller Gewalt und schnellen Bewegungen zu befreien. Nein, es wird den Schwellkörper langsam so weit dem Ausgang nähern, wie es eben geht und dann bis an die Grenze der Erträglichkeit ziehen. Dann ist die Verletzungsgefahr am geringsten und ein Unterbruch des Trennungsvorhabens jederzeit möglich. Dieser Reiz wurde in den Auslöser für seinen Samenerguss eingebaut. Gar nicht schlecht!

Doch die Wölfin spielt da wie gesagt nicht automatisch mit. Denn das tut weh und würde mit der Zeit schnell unerträglich. Sie setzt sich zur Wehr und besinnt sich auf ihre Hauptwaffen: kratzen, zicken und beißen. Doch sie legt sich hier mit dem Rudelführer an, der Ungehorsam nicht dulden darf. Seine Position ist in Gefahr. Welchen Grund hätten die Rivalen, sich unterzuordnen, wenn er nicht einmal in der Lage wäre, ein Weibchen zu dominieren? Ohne betäubende Drogen sieht er sich gezwungen, die Mutter des noch nicht einmal Gezeugten, zu töten.

Um diesen Konflikt zu lösen, musste Lust ausgelöst werden! Egal wie! Da das Männchen nun schon einmal einen Schwellkörper hatte, setzten die Hormone hier an. Der Druckstelle an ihrem Ausgang wurde von den Hormonen ein intensives Lustgefühl eingebaut, das allen Schmerz übertönt. Aufgrund der Tatsache, dass sie jetzt im Rausch total auf „Hängen“ steht, ist sie so b(e)reit, dass sie problemlos aushält bis er endlich seinen Orgasmus hat!

□ Der Wolfshügel

Doch warum erzähle ich euch all das? Nun: Auch bei uns Männern gab es in den Zeiten, da wir in Rudeln organisiert waren, diesen Schwellkörper. Heute ist er nur noch ansatzweise zu erkennen. So, und jetzt habe ich für die Generation 2.0 eine freudige Überraschung: Das Gegenstück, das bei den Wölfen für die weibliche Lust verantwortlich zeichnet, existiert bei den Frauen noch immer.

Die Region, um die es geht, liegt oben, *hinter* dem Schambein. An der Stelle, an der die Schraube von innen gegen den Vorderausgang drücken würde. Dort findet sich ein kleiner Muskelberg, dessen Oberfläche im Gegensatz zu der gesamten Umgebung sehr rau ist: der Wolfshügel. Der Grund für dessen fast schon schwammartigen Aufbau ist, dass der Wolfshügel die dort auftretenden Zug- bzw. Druck-Kräfte dämpfen muss. Sonst würde es schmerzhaft für die Knochenhaut des Schambeins und für das Schwellglied des Männchens. Mit dem Schmerz bliebe wie gesagt der ganze Spaß auf der Strecke. Wenn eure Partnerin auf dem Bauch liegt, kommt ihr zum Beispiel ganz einfach dorthin, wenn ihr euren Daumen einführt und versucht, ihre Scham in eurer Hand zu halten. Euer Daumen liegt dann normalerweise genau in Position. Ihr könnt nun den Wolfshügel mit sanfter Gewalt hin- und herdrücken. Ihr könnt ihn zurück über die Kante des Schambeins ziehen. Wenn ihr zwei Finger nehmt, dann könnt ihr ihn zwischen den Fingern hin- und herkneten, indem ihr diese abwechselnd gegen das Schambein drückt.

Das Schöne für die Frau ist, dass Kraft genau das Gegenteil von Schnelligkeit ist. Ihr macht das langsam und könnt dabei sehr gut ihren Rhythmus aufnehmen. Damit werdet ihr auch nicht durch eure eigenen urtümlichen Bewegungsmuster abgelenkt. Ich darf euch verraten, dass euer Versuchsobjekt sehr intensiv reagieren wird. Wenn ihr schon mal in der Gegend seid, stattet doch auch der Klitoris einen feuchten Besuch ab.

Sollte sie es wider Erwarten *nicht* genießen, dann habt ihr ihren Schalter im Kopf vergessen. Doch weder für den Schalter noch für den sehr intensiven Wolfsorgasmus ist absolute Passung nötig. Sogar Frauenhände können beides auslösen.

Das ist auch der Grund, warum in der Literatur und in allen Zeitschriften kein Wort über den Wolfshügel verloren wird. Die Hormone tun alles, um hier Verwirrung zu stiften. So gehen wir auf die Suche nach ominösen G-Punkten, die es nie gegeben hat und die dem Mythos nach nur ein Mann finden kann, indem er seinem eigenen Trieb und Rhythmus folgt. Denn nichts hassen die Hormone mehr als Sex, bei dem keine Samenspender im Spiel sind.

*

Doch es gibt vereinzelt Guerillakämpfer, die sich der Macht der Hormone entziehen. Sie vergessen sich und konzentrieren sich voll und ganz auf den Partner. Ihre Parole lautet: „Meine Lust ist es, zu wissen, dass ich der Grund für unendliche Lust bin!“

- *Frauen tun es, um nicht gänzlich mit leeren Händen dazustehen. Es geht bei ihnen um „wenigstens etwas oder nichts“!*
- *Männer maximieren auf diesem Weg ihre Lust. Angesichts der Tatsache, dass der eigene (männliche) Orgasmus im Normalfall nur einmal stattfindet und dann das Ganze ein Ende hat, wollen sie diesen hinauszögern.*
- *Und da der männliche Orgasmus verglichen mit dem der Frau oft auch noch mickrig ausfällt, setzen sie alles daran, dass frau kommt, wenn möglich mehrfach und stundenlang. Am Ende ist es ihnen dann gar nicht mehr wichtig, ob ein Samenerguss stattfindet oder nicht.*

So ist es auch dem Guerillakämpfer möglich, stundenlang zu genießen. Und er wird – so seine Überzeugung – hundertfach entlohnt. Und das nicht nur durch Feedback und Lob. In vielen Fällen ist diese Art von Verzicht sogar der Schlüssel zur Erfüllung aller eigenen Phantasien, da die Frau, wenn sie wieder zu Kräften gekommen ist, nun ihrerseits alles Erdenkliche tut, um auch ihn vollkommen zufriedenzustellen. Ich konnte dies nicht schon früher erwähnen, weil in Ermangelung eines ausgeprägten Schwellkörpers ein Wolfsorgasmus nicht trivial ist.

Am meisten Erfolg bei der Stimulation des Wolfshügels verspricht Sex 2.0. Der Mann verzichtet wenigstens vorübergehend auf den Einsatz seiner primären Geschlechtsmerkmale! Er stimuliert, ohne selbst stimuliert zu werden! Mit seinen Fingern! Das dürfte nur den wenigstens von euch je in den Sinn gekommen sein. Denn es ist gegen alles, was die Natur (die Hormone) in den vergangenen hundert Millionen Jahren propagiert hat. Das Gute ist, dass es wenigstens hierzu keine dumme Literatur gibt; dass weder Film und Fernsehen noch die Pornobranche uns falsche Vorstellungen eingeimpft haben. Denn dieser Orgasmus ist so unbekannt, dass nicht einmal Gerüchte über ihn kursieren.

□ Das Meer

Es gibt wie bereits angedeutet noch eine ganze Reihe von Lustzentren, von denen jedes auf eine andere Art „heftige Erregung" auslösen kann. Jedes wurde von den Hormonen in einer anderen Zeit und unter anderen Rahmenbedingungen entwickelt. Da ist es schon fast erbärmlich ist, wenn wir zwar am Strand stehen, aber auf der Suche nach dem Meer landeinwärts blicken. Auf die Idee, uns umzudrehen, kommen wir einfach nicht, weil irgendeiner vor tausend Jahren einmal schrieb, das Meer sei landeinwärts zu suchen. Und Generationen von Autoren schrieben ab.

Vermutlich war der Schwellkörper gar nicht die erste Strategie der Hormone, um mit wechselnden Rudelführern fertigzuwerden. Sie pflanzten schon lange vorher den Hautpartien, die beim Akt links und rechts des Eingangs stark unter Druck stehen, Lust ein. Doch

schon damals zogen es die Weibchen anscheinend vor, die Beine so weit wie möglich zu spreizen. Ob bereits hier religiöse Vorgaben die Gründe waren, können wir nicht mit Bestimmtheit sagen. Es könnte allerdings sein, dass auch dieser Orgasmus erst bei den menschlichen Weibchen entstand, als der Kopf des Kindes immer größer und die Passage durch den Geburtskanal immer schwieriger wurde. Ohne Lust auch bei der Geburt hätten nicht wenige Mütter sich vor Schmerzen selbst vergiftet oder ihr Kind im Affekt getötet.
Nur eine sehr heftige Erregung konnte in der Lage sein, die Schmerzen der Geburt zu übermalen. Was hindert uns daran, auch diesen Auslöser für unsere Zwecke zu missbrauchen!

Dass alle Frauen und sogar Hündinnen auf eine ausgiebige Po-Massage stehen, hat seine Ursache ebenfalls in der Tatsache, dass das Weibchen aufgrund mir unbekannter Veränderungen im Sozial- und Paarungsverhalten innerlich nicht stimuliert werden konnte. So verlagerte sich in diesem Fall ihr Lustzentrum dorthin, wo die Stöße beim Rammeln auftreffen und abgefedert werden: Außen!

So, und jetzt lade ich euch ein, ein wenig eure Phantasie walten zu lassen und euch auszudenken, was wohl der Grund sein könnte, warum so gut wie jede Frau auf Liebkosen ihrer Brüste mit Lust im Schritt reagiert. Und warum die hier versteckten Schalter deshalb in aller Regel als erstes aktiviert werden müssen.

*

Ich könnte nun weitermachen und euch im Detail jeden Quadratzentimeter des weiblichen Körpers sezieren und beschriften, damit ihr lesen könntet, wie diese oder jene Stelle in Urzeiten einmal entstanden und erregt wurde. Doch das würde euch trotzdem nicht automatisch weiterhelfen, denn eure Partnerin wehrt sich dagegen, von den Hormonen missbraucht zu werden. Sie hat sich einen eigenen Schalter eingebaut, der nur dann umgelegt wird, wenn sie das Gefühl hat, die einzige zu sein. Wenn sie der Meinung ist, dass es nicht nur um Nachwuchs geht, sondern um sie selbst. Sie will fühlen, dass ihr auf die Suche geht und ausprobiert. Sie will euch scheitern sehen. Nur dann wird sie den Schalter in ihrem Kopf umlegen und tatsächlich ihrer Lust freien Lauf lassen.

*

Die beste Nachricht ist, dass die Hormone keinen einzigen Mechanismus wieder ausgebaut haben. Denn sie gehen immer auf Nummer sicher und sagen sich: *Entwickelt ist entwickelt. Wer weiß, wozu wir das alles noch brauchen können.*

Vor etwa 2.000 Jahren machten sich findige Spürnasen die Mühe, alle damals bekannten Auslöser, die von den Hormonen entwickelt wurden, in einem Buch zusammen zu tragen. Wir kennen es unter dem Namen „Kamasutra“.

Heute wird es uns als ein Katalog von „Stellungen“ präsentiert. Bei vielen davon können sich nur die wenigsten vorstellen, Lust zu empfinden oder gar einen Orgasmus zu erleben. Zu Recht! Denn der Autor wollte kein Handbuch schreiben, sondern eine Sammlung von Schatzkarten anlegen. Dass in der einen oder anderen Verkeilung Bewegung möglich ist oder nicht, waren phantasievolle Hinweise, nicht mehr. Wo genau ein Auslöser zu finden ist und wie er verletzungsfrei stimuliert werden kann, das sollte der Schatzsucher selbst herausfinden:

- *Biegen, Anspannen und Loslassen, Zug-Druck und Druck-Druck, hierzu muss ich euch nichts mehr sagen;*
- *andere Stellen muss man anhauchen,*
- *andere reiben, rubbeln und streicheln,*
- *wieder andere wollen gedrückt oder gedreht werden;*
- *vermutlich gibt es auch eine Stelle, die man anmurmeln muss.*
- *Was hinter Frau Rowlings „Wutschen und Wedeln" stecken könnte, kann ich nur versuchen zu erahnen.*

Das Vorwort ging verloren, und so ahnen Männer und Frauen im 21. Jahrhundert weder, dass all diese verborgenen Schalter existieren, noch wie sie umgelegt werden.
Und in einer Logik des Schneller, Höher, Abstruser, Mehr setzen extrem experimentierfreudige Zeitgenossen alles daran, die dargestellten Positionen 1:1 umzusetzen und wollen sich obendrein auch noch bewegen, weil sie anderes nicht kennen. Sehr zur Freude und Erheiterung der Physiotherapeuten.

□ Sinn und Widersinn von G-Punkten

Habt ihr euch nie gewundert, warum alle immer vom G-Punkt sprechen, aber keiner weiß, wo er ist?
Warum versetzt sich niemand in die Lage der Hormone und fragt sich, was er an deren Stelle wohl erfunden hätte, um mit diesem oder jenem Problem fertigzuwerden?
Warum kam uns nie in den Sinn, dass jeder Punkt im weiblichen Körper ganz anderes funktionieren könnte, ganz einfach, weil jede Epoche der Evolution ihre eigenen Herausforderungen zu bewältigen hatte?
Nun, *ich* für meinen Teil habe mich immer gewundert, dass keiner sich die Frage stellt, *wie* der ominöse G-Punkt denn stimuliert wird,

wo doch alle von ihm reden. Wenn wir nicht wissen, *wie* ein Auslöser funktioniert, dann hilft es auch nicht, ihn zu suchen. Denn dann *kann* er nicht gefunden werden.

Ich bin ja immer noch der Überzeugung, dass es alles gibt, nur nicht den G-Punkt – auch wenn ihn ein Gynäkologe aus Argentinien kürzlich bei einer 78-jährigen verstorbenen Frau während einer Autopsie in einer von ihrer Umgebung abweichenden Hautpartie entdeckt haben will. Immerhin war ihm damit eine Schlagzeile sicher.

Der G-Punkt, so werden wir in tausend Jahren sicher erfahren, ist trotzdem nur die humorvolle Erfindung der Hormone, damit wir Männer nicht vergessen, dass es letztlich immer nur um Samen geht; wir sollen auf der Suche nach ihrer Lust hoffnungslos überall herumrühren und -stochern und dabei wenigstens selbst irgendwie zum Gipfel gelangen.

■ Visionen

Ich stelle mir vor, wir hätten eines Tages alle Mechanismen unserer Partnerin dechiffriert und gingen dann einen nach dem anderen in der Reihenfolge der Entstehung durch. Das Schöne ist, dass mit Ausnahme des klitoralen Orgasmus alle genannten und nicht genannten Mechanismen kein Verfallsdatum haben. Denn alleiniger Grund aller weiblichen Orgasmen war und ist immer nur, dass *sie* so lange Lust empfindet, bis *er* kommt. Und sei es nach Stunden. Mit Ausnahme des Menschen wechselte ja auch kein anderes Männchen die Stellung, nur damit es dem Weibchen nicht langweilig wird. Nein. Er macht so lange weiter, bis sich trotzdem irgendwann das erwartete Ergebnis einstellt.

Im Gegensatz zu den Männchen stehen Weibchen also nach jedem eigenen Orgasmus sofort wieder bereit. Vom Nashorn wissen wir, warum! Wenn ihr wollt, könnt ihr also im Erfolgsfall auch mal eine Stunde bei derselben Art der Stimulation verweilen. Wie gesagt, bei allen außer der klitoralen, denn – wir erinnern uns – der klitorale Orgasmus ist eigentlich nur ein umfunktionierter männlicher Orgasmus und als solcher nur mit kleinen Pausen mehrfach in Reihe zu gebrauchen.

Eure Begleitung wird die gleichbleibende Stimulation auf alle Fälle genießen. Vielleicht wird sie es trotzdem noch mehr genießen, wenn ihr immer nach zwei oder drei Höhepunkten einen anderen Auslöser ansteuert. Und sei es nur, weil die besagte Stelle derartige Überbeanspruchung nicht mehr gewohnt ist.

Seid ihr dann auf dem Weg durch die Geschichte in die Neuzeit vorgedrungen, dann lasst einfach *den einen* neuzeitlich-weiblichen muskulären Orgasmus weg, dem die Hormone Liebe eingepflanzt haben, weil Frauen anders nicht zu kontrollieren sind.

■ To be or not to be

Doch der (muskuläre) Orgasmus ist Gott sei Dank nicht der einzige Auslöser oder besser gesagt nicht die einzige Bedingung, die darüber entscheidet, ob sich eine Frau verliebt oder nicht.
Hier sind wir bei der Frage angelangt: Welchen Typ Mann sucht eine Frau denn eigentlich, wenn auch *unbewusst*? Eventuell finden wir hier eine Art Generalschlüssel gegen die Liebe!

Nun, die allermeisten Frauen haben ein Kleinhirn und ein Großhirn: Das Kleinhirn blickt zurück in die Evolution und sucht den Macho. Es hält es für das normalste der Welt, wenn frau dominiert wird; wenn er sie begehrt; wenn es dem Macho nicht um sie, sondern um sich selbst geht. Das Großhirn hingegen ist neueren Datums. Es sehnt sich nach einem Liebhaber, einem Partner und Gentleman. Die gemeine Frau ist anspruchsvoll und sucht beides: Sie sucht den liebevollen Macho! Sie will verwöhnt werden. Aber nicht von irgendwem: Er soll Stärke und Dominanz ausstrahlen. Er darf sich ihr auf keinen Fall unterordnen! Für dominante Frauen ist das besonders frustrierend, weil ihr Prinz *noch* dominanter sein soll als sie selbst und trotzdem so soft wie ein Kuschelhase.

> *„Das passt doch nicht zusammen! So etwas gibt es doch gar nicht!“*

Dieser wütende Aufschrei war auch meine erste Reaktion, als die Verhaltensbiologie mich derart aufklärte. Doch schnell fasste ich mich wieder, denn ich realisierte, dass es nur darauf ankommt, dass sie beim zwischenmenschlichen Treiben keinen falschen Eindruck gewinnt. Feste Überzeugung und Realität müssen nicht immer übereinstimmen.

Bestimmt hattet ihr es instinktiv bisher auf der dominanten Schiene versucht. Sie war euch im Grunde egal! Und schließlich stand sie auch noch darauf, dass ihr kaum Rücksicht auf sie nahmt, auch wenn sie sich manchmal ein wenig mehr Zärtlichkeit und Zuwendung erhofft hatte. Euer Glück war einzig und allein, dass ihr Muskel euch in die Karten spielte, indem er nicht mehr mitspielte. Sonst hätte sie sich sofort verliebt!

Von der Not gedrungen und im Streben nach Sicherheit tasten wir uns mit dem Beginn der Ära 2.0 in Bereiche vor, wo viel Bewegung nicht mehr das Maß aller Dinge ist. Im Gegenteil. Wir Männer halten inne und bewegen uns immer weniger oder sogar minutenlang gar nicht. Wir werden hellhörig und feinfühlig. Und je weniger wir tun, desto mehr passiert! Damit nähern wir uns jedoch auf gefährliche Weise dem anderen Teil des Traumprinzen: „Liebevoll!“ Denn jetzt erfüllen wir ihre Sehnsucht nach dem Beschützer und Sorger, nach dem Gentleman. Und schön gähnt der andere Straßengraben, bereit, uns zu verschlucken.

Solltet ihr bei alledem immer noch als Macho rüberkommen und sie den Eindruck gewinnen, dass ihr das alles auch noch allein eurer eigenen Befriedigung wegen macht, dann brennen bei ihr alle Lampen durch und sie hat endgültig die Kontrolle verloren. Ihr Unterbewusstsein hat gerade gefunden, was es immer suchte – das liebevoll sorgende, dominante Alphatier. Ihr erfüllt als erster Mensch auf Erden die beiden widersprüchlichsten Eigenschaften, die noch nie ein Mann tatsächlich in sich vereint hat.

In ihrer Sehnsucht nach dem Märchenprinzen kommt die Frau nicht auf den Gedanken, dass sie etwas falsch verstanden haben könnte. Sie ist euch schon verfallen – und aus dieser Kiste kommt ihr im Normalfall nicht mehr heraus!

Wenn ihr euch erst einmal für Sex 2.0 entschieden habt, dann müsst diesmal ihr spielen: Sie muss den überzeugenden Eindruck

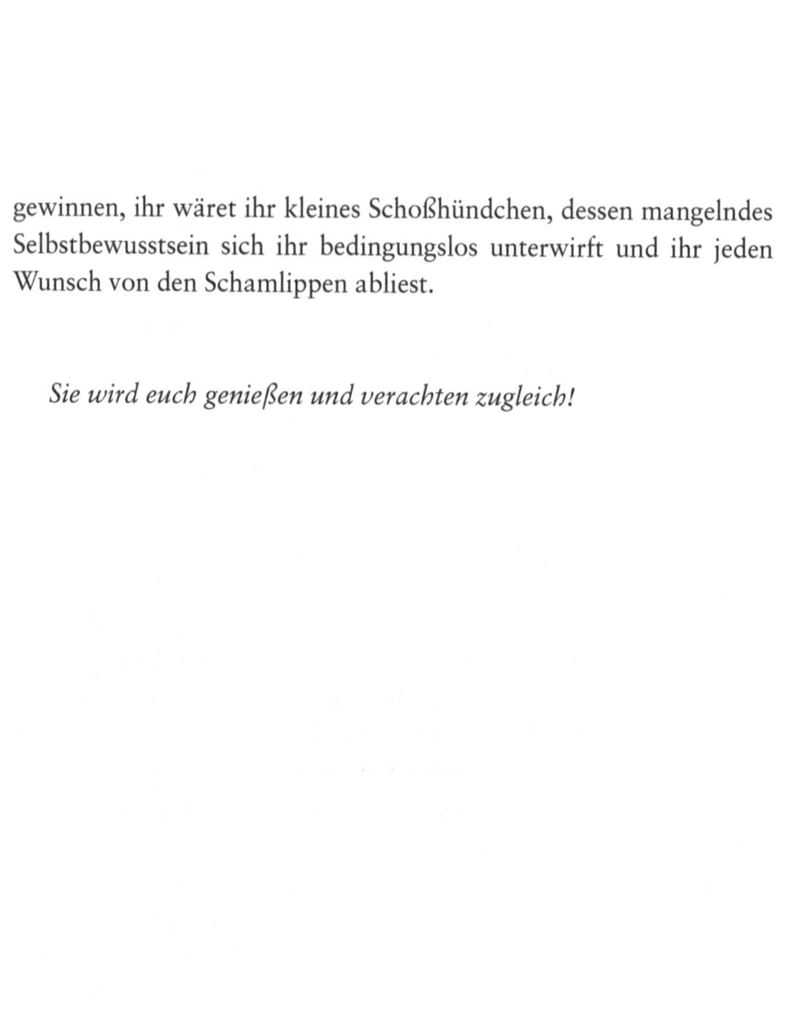

gewinnen, ihr wäret ihr kleines Schoßhündchen, dessen mangelndes Selbstbewusstsein sich ihr bedingungslos unterwirft und ihr jeden Wunsch von den Schamlippen abliest.

Sie wird euch genießen und verachten zugleich!

Wollen auch Sie Feedback geben, mit mir diskutieren, oder einfach über neue Projekte informiert sein?

Dann besuchen Sie mich auf: **www.facebook.com/mart.mirente**

Zeitfracht Medien GmbH
Ferdinand-Jühlke-Straße 7
99095 Erfurt, Deutschland
produktsicherheit@kolibri360.de